‖ 인문교양총서 38

선비와 청빈

●

박균섭

인문교양총서 038

선비와 청빈

박균섭 지음

역락

머리말

　한국지성사 연구에서는 선비와 선비정신에 대한 추적 논의를 통해 한국사회의 구조와 성격을 보다 심층 깊게 설명할 수 있다는 인식을 갖고 있다. 그간의 선비 연구는 대부분 몇몇 대표적인 선비의 인물됨이나 선비정신의 대표적 덕목과 사례를 일대기—일화 중심으로 기술하거나, 선비를 삶의 생생한 장면을 벗어난 진공상태에서 위인전을 쓰듯이 관념적·추상적으로 그려내는 경우가 많았다. 특정 개인 내지 몇몇 인물의 앎과 삶의 세계를 중심으로 얘기를 집중하다 보니 논의 자체가 하나의 큰 점과 굵은 선을 보여줄 수는 있었으나 입체적인 논점과 지향을 보여주기에는 미흡했다는 지적도 있다. 이처럼 선비론을 만들어진 전통의 하나처럼 그리다 보니, 낭만적 선비론과 박제된 선비정신의 전시 형태를 크게 넘어서지 못했다는 비판을 받기도 한다.

　선비정신을 다루기 위해서는 근대의 출발 이래 배태된, 그리고 광복 이후에 형성된 한국인의 정체성과 한국사회의 가치관의 문제에 주목할 필요가 있다. 한국사회는 100년 넘도록 전근대와 구분되는 제도와 가치가 정착되는 과정을 거쳤다고 말하지만, 의외로 전통사회의 제도와 가치가 강력한 자력을 지니고 있음을 발견하게 된다. 한국사회의 여러 문제는 유교

사회의 집단무의식은 물론 시장숭배주의를 가치로 삼는 오늘날의 여러 관점이 맞물려 돌아간다고 말할 수 있다. 그동안 우리는 한국사회의 이러한 흐름과 경향을 간파하면서 선비와 선비정신에 대해 응시하고 해법과 대안을 모색해왔는지를 자문해볼 일이다.

본서는 유교지식인·학자로 불리는 선비의 앎과 삶의 세계에서 청빈의 가치가 어떻게 구현되었는가에 대한 성찰과 논의 과정을 담은 것이다. 시작부터 끝까지 청빈 얘기만 별건으로 삼아 다룬다기보다는 전체적인 앎과 삶의 과정, 그 안에서 작동하는 논점의 활성화를 도모하는 방식으로 선비와 청빈에 대한 얘기를 꾸며 보았다. 선비의 청빈·청렴·청백을 심층 논의하면서 한국사회의 교육가치관과 교육문화에 관한 성찰의 지점도 함께 모색코자 하였다. 하지만 역사적 사실을 제대로 밝혀내고 문제의 핵심을 짚어내고자 했을 뿐, 이에 대한 해석을 단정적·선언적으로 내세우지는 않았다. 이는 한국사회를 살아가는 우리 모두가 해법과 대안을 모색하고 그 실질을 감당해야 할 과제 영역이라고 보았기 때문이다.

2019년 2월 박균섭

차례

▌사진 자료 출처

문화재청 국가문화유산포털(http://www.heritage.go.kr/)

/2장 2절/
〈사진 1〉 맹사성 고택
소재지: 충남 아산시 배방읍 행단길 25

/3장 3절/
〈사진 2〉 이원익의 관감당
소재지: 경기 광명시 오리로 347번길 5-6

/4장 1절/
〈사진 3〉 면앙정 현판
소재지: 전남 담양군 봉산면 면앙정로 382-11

/4장 2절/
〈사진 4〉 박수량의 백비
소재지: 전남 장성군 황룡면 백비길 49

/4장 3절/
〈사진 5〉 최진립의 용산서원
소재지: 경북 경주시 내남면 이조리 659

/4장 4절/
〈사진 6〉 유정원의 삼산정
소재지: 경북 안동시 예안면 주진리 948

/5장 3절/
〈사진 7〉 제주 화북 비석거리
소재지: 제주 제주시 화북동 3957

1장 왜 선비와 청빈인가

    한국의 역사·철학·사상에 바탕을 둔 앎과 삶의 이상적 지향은 도를 통해서 덕을 쌓는 과정이라고 풀이할 수 있다. 선비정신의 논의 장면에서 도와 덕은 앎과 삶의 일상을 규율하는 표준 명제였다. 선비정신은 어떻게 살 것인가에 대한 성찰과 고민의 응축으로 정리될 수 있다. 우리에게 익히 알려진 선비·지식인에 대한 추적과 논의를 통해 이들의 앎과 삶, 가르침과 배움의 세계를 고찰하는 가운데 선비정신의 본연, 그 사명감과 책임의식을 지적할 수 있다.

    선비정신의 본연, 그 사명감과 책임의식을 심층 깊게 파악하기 위해서는 청빈(淸貧)——그 맑은 가난의 궤적을 추적할 필요가 있다. 성호 이익(星湖 李瀷, 1681~1763)은 선비가 정치적 진출과 직접 관련되지 않는다는 것을 말하여 "선비란 작위가 없는 호칭이다[士是無位之稱]"고 말한 바 있다(『성호사설』, 권11, 「빈자

사상」). 작위를 갖지 않는 선비의 삶이란 가난을 일상으로 여기는 삶을 살아간다는 의미이기도 하다. 하지만 조선시대의 선비는 대부분 정치적 진출을 꿈꾸었다. 과거급제를 통해 관직·공직에 나아간 선비들은 수기치인학의 기본을 지키면서 가난을 일상으로 여기는 존재이기도 했지만, 그러한 앎과 삶의 방향과는 달리 욕망과 권력의지에 흔들리면서 살아가는 존재이기도 했다. 다산 정약용(茶山 丁若鏞, 1762~1836)은 선비·목민관·공직자의 윤리를 청렴에 있다고 말하였는바, 그 청렴=선정의 조건으로 청렴의 범주를 제시하면서 재물에 청렴하고, 여색에 청렴하고, 자리에 청렴해야 한다고 강조한 바 있다(『여유당전서』, 시문집권17, 「위영암군수이[종영]증언」). 이는 선비가 진정 두려워해야 할 존재나 대상은 백성과 하늘이라는 관점(畏民畏天之說)에 입각한 주장이라고 말할 수 있지만, 조선시대 선비를 흔히 청백리로 표상하려는 관습의 언어가 작동하는 것도 이 때문이다.

선비와 청빈을 큰 주제로 삼게 된 것은, 문화사·사상사적으로 청빈(淸貧)을 필두로 하여 청간(淸簡), 청검(淸儉), 청고(淸苦), 청근(淸謹/淸勤), 청덕(淸德), 청렴(淸廉), 청명(淸名), 청백(淸白), 청신(淸愼), 청심(淸心), 청약(淸約), 청의(淸議) 등과 같은 맑음의 언어가 선비정신을 규율하는 힘을 발휘해 왔기 때문이다. 하지만 모든 선비가 선비다운 삶―맑은 가난의 삶을 살아갔던 것은 아니다. 선비들 중에는 시간의 법정에서 입신양명의 길을 제대로 걷지 못한 채 비난과 지탄을 받는 자들도 많았다. 그 거북하고 불편한 주제에 대해서도 있는 그대로 말할 수 있어야만 진정한 선비, 그들의 앎과 삶, 가르침과 배움의 세계를 제대로 말할 수 있을 것이다.

일각에서는 한국사회가 처한 현실과 과제가 만만치 않은 관계로 그 극복의 계기를 위해 선비정신을 요청하는 것 같기도 하다. 앎과 삶의 본연에 충실했던 선비를 제대로 기억하고 증언하자는 뜻일 것이다. 그러기 위해서는 자랑스러운 일은 자랑스러운 대로, 부끄러운 일은 부끄러운 대로 낱낱이 밝히고 얘기할 수 있어야 한다. 선비의 청빈·청렴·청백에 대한 논의를 위해 선비의 본질에 대한 얘기로만 논의를 전개하기보다는 선비와는 간혹 무관할 듯한 주변인물, 선비정신에 대한 설명과는 다소 동떨어져 보이는 문제 상황도 설정해볼 수 있다. 모종의 연관과 대비와 시사를 보여주는 여러 인물의 호명과 배치를 통해 선비의 앎과 삶, 가르침과 배움의 심층을 포착할 수 있다고 보기 때문이다.

몇 해 전, 한국국학진흥원과 문화체육관광부가 함께 추진한 <청년선비포럼>에서 전국의 대학·대학원생 100명을 대상으로 선비의 이미지, 선비의 명암에 관한 설문조사를 실시한 바 있다(2016년 6월). 선비라는 단어에서 떠오르는 이미지를 묻는 질문에 다양한 답변이 나왔다. 우선 시각적 이미지로는 갓, 도포 자락, 흰색 옷, 헤진 옷, 수염, 사서삼경, 향교, 서당 등과 같이 선비의 차림새와 학문과 관련된 내용이 주로 거론되었다. 절의와 청렴을 상징하는 대나무와 학이 연상된다는 대답도 있었다. 반면 뒷짐, 헛기침 등과 같은 권위의 이미지도 지적되었다. 선비에 대한 관념적 이미지로는 선각자, 도덕, 청빈, 정의, 지조, 순절, 신념 등이 다수를 차지했다. 그런가 하면 고리타분, 경직, 보수, 가부장, 맹꽁이, 샌님 등과 같이 보수와 불통의 이미지를 연상하는 경우도 많았다. 선비의 긍정적 측면에 대한 질문에는 지식탐구열을 가장 많이 꼽았다. 또 청렴, 검소, 정의, 지조, 신념, 원칙주의, 자기수양 등과 같이 흔히 선비가 지닌 보편적 이미지를 지적하였다. 이어 사회·공공 영역에 대한 책임의식, 부조리에 맞서는 용기, 권력에 휘둘리지 않는 의리－명분 등과 같은 참여행위의 적극성을 긍정적 측면으로 간주하였다. 선비의 부정적 측면에 대한 질문에는 원리원칙 집착, 아집, 외골수, 비타협, 폐쇄, 실천성 결여, 현실 괴리, 변화 부적응, 실용성 경시 등과 같이 융통성과 유연성의 부재를 지적하는 답변이 많았다(중앙일보 2016년 6월 20일).

<청년선비포럼>에서 조사·발표한 선비의 이미지와 그 명암에 관한 생각이 액면 그대로 선비에 대한 정확한 인식과 대응 양상이라고 말할 수는 없겠으나 조선왕조 500년, 선비를 길러낸 나라에서 선비는 과연 어떤 존재였는가에 대한 성찰의 근거가 될 수 있음은 분명해 보인다. 그 성찰을 통해 선비와 나라―그 역사적 연관과 사회적 역학을 포착할 수 있을 것이

고, 선비의 전체상에서 차지하는 청빈―그 맑은 가난에 대해 보다 심층적인 논의를 이어갈 수 있을 것이다.

　유교의 공부론에 입각하여 말하자면, 정치 따로 교육 따로 청빈 따로는 없다는 것을 알 수 있다. 선비의 앎과 삶이라는 전체적 과정과 지향 속에서 정치와 교육과 청빈의 문제를 살피고 다루어야 그 본연의 의미를 제대로 포착할 수 있다. 그런 관계로, 본서에서는 선비 관련 사료 검토 및 인문학적 지평을 확보하는 작업을 통해 선비와 청빈이라는 주제에 맞추어 앎과 삶, 가르침과 배움의 문제에 대해 성찰해보고자 한다. 선비의 청빈·청렴·청백을 심층 논의하는 가운데 한국사회의 교육 가치관과 교육문화에 관한 성찰의 지점도 함께 모색할 수 있을 것이다. 하지만 역사적 사실을 있는 그대로 밝혀내고 문제의 핵심을 짚어내고자 했을 뿐, 이에 대한 해석을 강박적으로 앞세우지는 않기로 했다. 이는 우리 모두에게 역사를 회고하고 현재를 해석하고 미래를 대비해나가도록 배당된 몫이라고 생각하기 때문이다.

2장 청백리의 어려움 ― 유관, 맹사성, 황희

1. 청백리 유관, 비우당과 누와기

하정 유관(夏亭 柳寬, 1346~1433)은 고불 맹사성(古佛 孟思誠, 1360~
1438)이나 방촌 황희(厖村 黃喜, 1363~1452)보다는 덜 알려지긴
했으나 조선시대의 청백리로 유명한 인물이다. 유관은 1371년
(고려 공민왕 20)에 문과에 급제하였고 조선왕조의 개창에 협력
하여 개국 원종공신이 되었다. 유관은 형조 판서를 거쳐 1424
년(세종 6)에 우의정이 되었다가 벼슬에서 물러났다. 유관은 태
조-정종-태종-세종을 연달아 섬겼으며 이들 네 임금으로부
터 큰 사랑을 받았다.

유관은 정승의 자리에 있으면서도 매양 그 거동이 필부와
다름없었고 사람들이 찾아오면 겨울에도 맨발로 짚신을 끌고
나가 그들을 반겼다. 호미를 들고 채소밭을 가꾸면서도 이를

수고롭게 여기지 않았다. 유관은 성품이 청렴하고 행동이 반듯하여 비록 벼슬이 정승에 이르렀지만 '초가 한 칸[茅屋一間]'에 베옷을 입고 짚신을 신으면서 그저 담담하게 살아갔다[『해동야언』에서는 유관의 집에 대해 '초가 한 칸[茅屋一間]'이라고도 하고 '두어 칸에 불과한 집[不過數間]'이라고도 하였다. 어느 쪽이든 초가 삼 칸의 크기를 밑돈다.]. 유관의 집은 동대문 밖에 있었다. 유관이 살았던 동대문 밖 숭인동을 지나는 도로는 유관의 호를 붙여 '하정로'라고 부른다.

유관의 집은 장마가 달포를 넘게 지속될 때에는 삼대를 드리운 듯 비가 줄줄 샜다. 유관이 손수 우산으로 비를 가리며 부인에게 "우산이 없는 집은 어떻게 견디며 지낼까"라고 묻자 부인은 "우산이 없는 사람은 반드시 대비가 있을 것입니다"라고 응답했다는 일화는 유명하다. 유관의 집은 난간[欄]도 담장[垣]도 없었다. 단지 나무를 가로지른 문[衡門]과 울타리[藩籬]에 꽃나무 몇 그루[花木數叢]가 전부였다. 성호 이익은 유관이 비가 새는 집에 살면서 청백의 삶을 견지했음을 다음과 같이 칭송하였다.

우의정 유관(柳寬)은 자가 경보(敬父)이고 호가 하정(夏亭)이다. 청렴하고 지조가 있어서 몇 칸의 초가집에 살면서도 이를 편안히 여겼다. 한번은 장맛비가 한 달이 넘도록 내리자 지붕이 새서 빗물이 주룩주룩 쏟아졌다. 공이 손에 우산을 들고 비를 가리며 부인에게 "우산이 없는 집은 어떻게 견디며 지낼까"라고 묻자 부인은 "우산이 없는 사람은 반드시 대비가 있을 것입니다"라고 응답하였다.: 정승의 손에 작은 우산 하나 들렸으니/지붕에 새는 비를 막기에는 부족하다/곳곳마다 비가 새어 마른 곳 없는데/우산으로 그나마 머리는 가릴 수 있네/이로 인해 백성들의 고생을 생각하니/백성을 구제하려는 일념을 잊은 적 없네/부인은 부디 나의 어리석음을 비웃지 마오/우산이 집집마다 꼭 있는 건 아니라오/높은 자리 차지하고 아무 계책 없으면/이 생애 무엇으로 임금께 보답하리오/높고 큰 집을 세상은 스스로 자랑하지만/분수 밖의 모든 것은 뜬구름과 같다네/대대로 전해 온 보물은 청렴결백이니/집은 비바람만 가려주면 되는 것이네/두보의 시 중에 훌륭한 시가 있으니/천하의 빈한한 선비를 덮어주지 못한 것 한탄했네/살아서 안락은 없으나 사후의 명예이니/한 줄기 맑은 기풍이 끊임없이 이어졌네/고대광실 부귀한 사람들에게 말하노니/동대문 밖으로 가서 공이 남긴 흔적을 찾아보시게.

— 『성호전집』, 권8, 「수산행」

유관의 청백리로서의 삶은 후세에 어떤 해석과 논의의 대상이 되었을까. 아버지와 아들의 관계를 통해 그 추이를 살펴볼 수 있다. 유관이 이름을 '유관(柳觀)'에서 '유관(柳寬)'으로 바꾼 계기에는 셋째아들 유계문과 관련이 있었다.[1] 그런데 그 유계

---

[1] 『세종실록』에는 "우의정으로 벼슬을 물러난 유관(柳觀)의 아들 유계문(柳季聞)이 충청도 관

문의 관직생활, 정치 인생은 여러 한계와 문제가 노출되었다. 유계문은 높은 자리에 오를수록 일에 성실함이 없었고, 뇌물을 받고 불법을 저질러 자주 탄핵을 받아 파면되기도 하였다. 아들 유계문의 문제에 대한 아버지 유관의 대응 또한 문제가 많았음을 확인하게 된다. 한 사례를 들면 유계문이 1430년(세종 12)에 대사헌으로 있을 때에 뇌물을 받고 탐관오리 태석균(太石鈞)의 임명장에 서명하는 바람에 의금부에 불려가 죄를 추궁당하고 결국에는 직첩을 박탈당했다. 그러나 2년 뒤 아버지 유관의 간곡한 소청에 따라 유계문은 다시 기용되었다.

> 우의정을 끝으로 벼슬을 물러난 유관이 상언하기를 "신의 나이 80을 넘겼으므로 태평한 세상에서 버림받을 날도 멀지 않았으니, 원컨대 신의 아들 계문의 직첩을 돌려주소서"라고 하니, 임금은 이조에 명하여 직첩을 돌려주게 하고 말하기를 "계문이 일을 맡아 삼가지 않았으나, 지금 그의 늙은 아버지를 위하여 직책을 돌려준다"고 하였다.
>
> ─『세종실록』 1432년(세종 14) 8월 16일

불민한 자식을 둔 부모 중에 힘의 장사는 없는 것일까. 유교 문화권에서는 자식 교육의 책임은 부형에게 물었다. 하지만

찰사가 되매, 유관은 그의 이름이 '관찰사유계문(觀察史柳季聞)=유관(柳觀)'과 혼동되기 쉬우므로 임금에게 청을 올려 이름을 관(寬)으로 고쳤다"고 하였다(『세종실록』 1426년(세종 8) 4월 13일 및 『세종실록』 1433년(세종 15) 5월 7일 우의정잉령치사유관졸기).

아버지 유관도 아들 유계문에 관해서는 부형의 책임을 감당하기에 앞서 정치적 해결책을 취할 수밖에 없었다. 그의 전체적인 삶의 행보와 인격에 비추어 볼 때 깊이 패인 아픈 상처가 아닐 수 없다.

유관의 청백리정신은 바로 그가 굳건히 지켜낸 앎과 삶의 세계와 일치한다. 유관이 세상을 떠나자, 세종은 흰옷을 입고 백관을 거느리고 나가 애도하였다. 유관에 대한 추숭 작업은 황해도 문화현을 중심으로 한 기억의 정치학으로 남아있다. 문화현을 대표하는 기억의 공간으로는 봉강서원(鳳岡書院)과 정계서원(程溪書院)이 있다.

□ 봉강서원(鳳岡書院): 1656년(효종 7)에 세웠으며, 1675년(숙종 1)에 사액서원이 되었다. 주자, 조광조, 이황, 이이를 배향하였다.
□ 정계서원(程溪書院): 1670년(현종 11)에 세웠으며, 1708년(숙종 34)에 사액서원이 되었다. 유관을 배향하였다.
—『신증동국여지승람』, 권42, 「황해도문화현[『대동지지』]」

유관의 시호 문간공(文簡公)은 그의 삶을 근사하게 표상한 것이기도 하다. "학문을 부지런히 하고 묻기를 좋아하였다[學勤好問]"고 하여 '문(文)'을 취하고 "덕을 한결같이 닦고 게을리 하지 않았다[一德不懈]"고 하여 '간(簡)'을 취하였다[『세종실록』 1433

년(세종 15) 5월 7일 우의정잉령치사유관졸기).

1520년(중종 15) 4월 6일, 중종은 경연 조강에서 『속강목』을 강독하면서 신하들이 송 고종 때의 재상 범종윤(范宗尹)의 경우처럼 국사를 자기 책임으로 여겨주기를 희망했다. 이 때 지평 임권(任權, 1486~1557)은 국사를 자기 책임으로 여긴 재상으로 유관과 정창손을 예시하였다.

범상한 사람은 능히 사심을 버리지 못하므로 국사를 자기 책임으로 삼지 못합니다. 만약 능히 사사로운 욕심을 버리고 나라를 위하여 집을 잊고 공의를 위하여 사심을 버린다면, 국사에 무슨 성취되지 않는 일이 있겠습니까. 우리나라에서 청렴하기로 유명한 재상 유관은 살림이 매우 가난하여 사는 집이 비바람을 막지 못했습니다. 하지만 장마비에도 우산을 받쳐들고 편안히 여기며 말하기를 "이런 비바람에 우산이 없는 사람은 어떻게 스스로 보존하겠는가"라고 하였습니다. 또 정창손은 정승이 되어서도 사는 집이 겨우 식구를 들일 만하여 손님을 맞을 곳도 없었으나 늘 청빈[淸苦]한 삶을 스스로 지켰는데, 국사에 대해서라면 의연히 자신의 책임으로 여겼습니다.

— 『중종실록』 1520년(중종 15) 4월 6일

임권은 유관과 정창손에 대해 "나라를 위하여 집을 잊은[國耳忘家]" 선비이자 "공의를 위하여 사심을 버린[公耳忘私]" 선비라고 평가하면서 그들이 사는 집에 주목하였다. 어쩌면 그들이 나라 일을 자기 책임으로 여길 수 있는 자인가 아닌가를 살피는 방법은 그들의 사는 집을 보면 알 수 있다는 얘기처럼 들린다. 임권은 유관과 정창손의 사는 집에 대한 얘기를 하고난 후에 "근래 재상이 된 자는 그 사는 집이 다 화사한 것을 숭상하는데 온 조정이 다 그러하며 집이 한두 채가 아니니 그 폐단이 매우 크다"고 지적하고, "이는 사(私)를 앞세우고 집[家]을 돌보되 공(公)과 나라[國]를 위하는 마음이 없는 까닭이다"고 일침을 놓았다(『중종실록』 1520년(중종 15) 4월 6일).

조선중기의 학자 지봉 이수광(芝峯 李睟光, 1563~1628)이 살았던 집의 이름이 비를 가리는 집이라는 뜻을 가진 비우당(庇雨堂)이다. 이수광은 일찍이 관직에 나아가 이조참판까지 역임하고, 명나라에 사신으로 세 차례나 다녀왔던 인물이었지만, 그가 살았던 작은 초가집은 당시 그가 어떤 인생관과 세계관을 추구했는지를 잘 보여준다.

비우당은 이수광이 거처하던 집으로, 서울시 종로구 창신동에 있다. 원래 이 자리에는 이수광의 외고조할아버지 유관이 살던 초가삼간[草屋數間]이 있었다(『지봉집』, 별록권20, 「비우당」). 청백리로 이름난 유관은 우의정까지 오른 인물이었지만 비가 오면 지붕에서 물이 새어 우산으로 빗물을 받칠 정도로 청빈하게 살았다. 뒤에 이수광의 부친 이희검(李希儉)이 이 집을 조금 넓히고 살았는데 어떤 빈객이 너무 소박하다고 말하자 "우산에 비하면 너무 사치스럽다"고 응대하였다. 그 초가삼간은 임진왜란 때 전소되고 말았다. 이수광은 다시 작은 집을 짓고 우산으로 비를 가린 선조의 유풍을 이어 "겨우 비바람을 가린 다[僅庇風雨]"는 뜻에서 '비우당'이라는 편액을 달았다(『지봉집』, 권20, 「동원비우당」).

유관의 청렴과 결백에 관해서는 대산 이상정(大山 李象靖, 1711~ 1781)의 글을 통해서도 확인할 수 있다. 이상정은 세상 사람들은 대부분 아름다운 명칭과 특이한 호를 취하여 스스로를 자랑한다고 지적하면서, 그럼에도 어떤 사람들은 호를 취할 때 더러 자신의 단점과 사물의 병폐를 끌어들여 경계하는 마음을 표시한 경우도 있음을 지적하였다. 중국의 췌수(贅叟: 元結), 방옹(放翁: 陸游), 우계(愚溪: 柳宗元), 우재(迂齋: 李樗) 등은 그 대표적인 사례라고 말할 수 있다. 이상정은 1760년(영조 36), 경상도 의성[聞韶縣]에 사는 외사촌형 이보(李甫)의 '누와(漏窩)'에 대해 "국초에 재상의 지위에 있으면서도 우산을 들고 새는 비를 피한 자가 있었다"는 점을 들고, "항상 만물을 구제하는 것으로 마음을 삼고 남에게 베푸는 것을 좋아하였다"는 전언을 덧붙이면서, 이를 "인정이 지났는데도 밤에 나다니는 사람[漏盡而夜行者]"과 비교컨대 그 차이가 크다고 말하였다(『대산집』, 권44, 「누와기」).

이상정이 정치인의 과도한 권력의지를 비판하면서 인정이 지났는데도 밤에 나다니는 사람이라고 풍자한 것은 유교사상의 공부론을 구성하는 큰 의미를 갖는 말로, 이는 『삼국지』의

"나이 칠십이 넘었는데도 여전히 벼슬자리를 차지하고 있는 것은 비유하자면 인정[鍾鳴漏盡]이 지났는데도 그치지 않고 밤길[夜行]을 나다니는 것과 같으니 이는 죄인(罪人)"이라는 말에 의거한 것이다(『삼국지』, 권26, 「전예전」). 유교문화권에서는, 나아감과 물러남의 경계를 분명히 해야 할 지식인의 선택과 결단을 지적할 때, 이처럼 인정이 지났는데도 밤에 나다니는 사람이 되어서는 안 된다는 말로 경계하였다. 물러나야 할 때를 모르는 자, 그는 사람들의 비웃음을 살 수밖에 없는 자이다. 이상정이 이보의 '누와'를 두고 사람의 단점과 사물의 병폐를 경계하는 뜻을 표시했던 배경 지식은 유관의 고사에 있었다.

2. 청백리 맹사성, 맹씨행단과 인침연

고려시대 이래 조선시대에 걸쳐 충청도 신창현/온양군을 대표하는 인물로 맹희도와 맹사성을 들 수 있다. 맹희도(孟希道, 1337~1421)는 고려 공민왕 때에 과거에 급제하였고, 조선시대에 들어와서 벼슬이 검교한성윤(檢校漢城尹)에 이르렀으며 훗날 우의정에 증직되었다. 맹희도에 대한 얘기는 신창현 인물조뿐만 아니라 온양군 인물조에도 등장한다. 온양군 인물조에는 맹희도가 효행의 표본으로 올라있다(『신증동국여지승람』, 권19, 「충청도온양군」, 권20, 「충청도신창현」).

우리는 맹희도의 행적보다는 그의 아들 맹사성에 대해 많은 얘기를 주고받는다. 맹사성(孟思誠, 1360~1438)은 황희와 함께 세종시대의 대표적인 청백리로 알려진 인물이다. 하지만 의외로 맹사성이 어떠한 삶의 길을 걸었는지에 대해서는 자세히 알지 못한다. 우리는 맹사성을 세종시대의 맹사성으로 좁혀서 바라보는 경향이 있다. 맹사성은 1386년(고려 우왕 12) 5월에 27세의 나이로 문과 33명의 합격자 중에서 장원으로 급제하였다(『고려사절요』, 권32, 「신우[삼]」). 당시의 과거시험관[知貢擧]은 목은 이색(牧隱 李穡, 1328~1396)이었다. 맹사성은 장원급제 후 우왕(禑王) 때에 최고 실권자였던 최영(崔瑩, 1316~1388)의 손녀와 혼인하면서 관직생활을 순조롭게 시작하였다. 하지만 1388년(고려 창왕 1)의 위화도 회군을 기점으로 처가가 몰락하고, 조선왕조의 개창과 더불어 개국 공신들이 정국을 이끌면서 맹사성은 권력으로부터 배제된 삶을 살지 않을 수 없었다. 맹사성이 어려운 처지에 빠지자, 아버지 맹희도는 아들의 출세를 위해 조선 건국에 대한 지지 의사를 적극 표명하였다. 맹희도는 아들의 장래를 위해 태조의 성덕을 칭송하고, 정도전-조준과 접촉하였다. 하지만 그와 같은 노력에도 불구하고 맹사성의 정치인생은 오랫동안 탄력을 받지 못했다.

맹사성은 조선 건국 이후 태종말까지 26년 4개월 가운데, 정확히 절반에 해당하는 13년 2개월 동안, 한 번의 좌천과 세 번의 파직, 두 번의 유배를 겪으면서 사지를 넘나들었다(이정주, 2009). 맹사성의 초기 관직 생활이 불우했던 것은, 그가 개국공신에 대해 은근히 부정적인 태도를 보이거나 부지불식간에 고려시대를 긍정하면서 관제 개혁의 모델을 고려 초기에 두었던 것과 관련이 있다(이정주, 2009). 하지만 이런 문제점에도 불구하고 맹사성은 태종 이래의 시대에 적합한 인간형이었다. 맹사성은 1419년(세종 1)에 이조판서와 예문관 대제학을 거쳐, 1427년(세종 9)에 우의정, 1432년(세종 14)에 좌의정에 올랐다. 맹사성은 평생에 걸쳐 재물과 전답과 저택을 탐하지 않고 청백과 절조의 삶을 살았다.

맹사성의 정치적 처신을 보여주는 단적인 사례로는 실록 열람 절대불가론을 들 수 있다(『국조보감』 1431년(세종 13)). 다음은 실록 열람 문제를 놓고 주고받은 세종과 맹사성 간의 대화이다.

세 종: 『태종실록』이 거의 완성되었으니 이를 내가 보고 싶다.

맹사성: 『태종실록』에 기록되어 있는 내용은 다 당시의 일을 후세에 전하기 위한 것으로 모두 사실을 기록한 것입니다. 그러므로 전하께서 보시더라도 태종을 위하여 고칠 수 없습니다. 지금 한 번 보시게 되면 후대의 임금들도 이를 따를 것이고, 그렇게 되면 사관은 의구심을 갖고 분명 직분을 잃게 될 것이니, 어떻게 앞으로 신뢰를 이어갈 수가 있겠습니까.

— 『국조보감』 1431년(세종 13)

<사진 1> 맹사성 고택

　충남 아산시 배방읍 행단길 25번지에는 맹사성 고택이 있다. 고택 오른편 둔덕에는 600년 넘은 은행나무 두 그루가 서 있다. 고택 뒷문 밖 비탈 밭을 지나면 세 정승(孟思誠, 黃喜, 權軫)이 느티나무 아홉 그루를 심었다는 구괴정(九槐亭)이 있다. 맹사성 고택 일원은 흔히 맹씨행단(孟氏杏壇)이라고 불린다. 맹사성 고택은 1330년(고려 충숙왕 17), 최영 장군의 부친 최원직이 지었다고 전해지는 가장 오래된 살림집으로, 최영 장군이 어린 맹사성의 맹랑한 태도에 반하여 그의 아버지(맹희도)를 만나 손녀사위로 정혼하면서 맹씨 집안으로 넘긴 집이다(곽병찬, 2016).

　맹사성은 맹고불로 불리기도 했다. 성호 이익은 '고불(古佛)'

이라는 말이 고려 불교에서 유래된 것이며, 이는 자식들이 부친을 높여 부를 때 사용하는 호칭이라고 말하면서 "지금 사대부들은 그 유래를 모르고 서로 이 말을 칭호로 삼아 부르고 있으니 가소로운 일이다"라고 지적한 바 있다(『성호사설』, 권12, 「고불」). 하지만 맹사성의 시대에 맹사성에 대한 호칭은 '맹고불'이었다. 맹사성 스스로도 맹고불이라는 말에 긍지를 갖고 있었다. 맹고불로 불렸던 맹사성이 소를 타고 온양으로 근친가던 길에 웃지 못 할 해프닝이 벌어졌다. 여기에는 맹사성을 맞으러 장호원까지 마중나간 양성[안성 일대]과 진위[평택 일대] 두 고을의 수령이 놀라 달아나다가 관인을 깊은 연못에 빠뜨렸다는 인침연(印沈淵) 이야기가 나온다.

우의정 맹사성이 온양으로 부모를 뵈러 갈 적에 오고가면서 관청에 들르지 않았고 항상 하인을 단촐하게 데리고 다녔으며 때로 소를 타고 가기도 하였다. 양성(陽城: 안성 일대)과 진위(振威: 평택 일대) 두 고을의 수령이 공이 온다는 소식을 듣고 마중을 위해 장호원(長好院)에서 기다리고 있었는데 소를 타고 지나가는 자가 있어 꾸짖어 금하자, 공이 온양의 맹고불(孟古佛)이라고 답하였다. 두 수령이 놀라 당황하여 달아나다가 언덕 아래 깊은 연못에 관인을 빠뜨렸다. 후인들이 그곳을 인침연(印沈淵)이라고 불렀다.: "정승의 풍채가 흑모란[黑牡丹: 검은 물소. 여기서는 맹사성이 타고 다니던 검은 소를 말함]에 가렸는데/재상의 서울 길은 내내 곧기만 하네/하인은 오지 않고 소 탄 사람만 지나가니/두 태수는 인끈을 늘어뜨리고서 기다리네/길에 먼지 난다면서 비키라고 큰소리치자/내 소를 내가 타니 꾸짖지 말라고 하네/나귀를 타서 법을 범한 어사가 아니거늘/참으로 허둥대다 위의를 잃은 자들이로다/당황하고 놀라서 관인을 간수 못해/벌벌 떨다 연못에 빠뜨렸네/사람은 간 지 오래이나 연못은 남아 있어/이 이름 영원토록 공의 청렴[淸約]을 드러내리라/……"

— 『성호전집』, 권8, 「추인행」

맹사성의 서울 집은 북촌 가회동[嘉會坊]에 있었다. 맹사성의 집으로 가는 길에는 고개가 하나 있었는데 그 고개는 맹현[孟峴: 맹감사 고개. 맹사성의 후손 맹만택(孟萬澤, 1660~1710)이 숙종 때에 황해감사─충청감사를 지냈던 데서 생긴 말]이라는 특이한 이름을 갖고 있다. 맹사성은 정승의 반열에 올랐으면서도 청빈의 삶을 일관되게 보여주었다. 당시 녹미(祿米)는 오랫동안 국고에 쌓아두었던 묵은 쌀이어서 이를 먹기가 힘들었다. 하지만 맹사성은 항시 녹미만 먹고 살았다. 하루는 녹미를 먹기 힘들어 부인이 이웃집에서 새 쌀을 얻어와 밥을 짓자, 맹사성은 이미 녹미를 받았으면 마땅히 그 녹미를 먹어야 한다면서, 남에게 새 쌀을 빌린 것을 심히 탓한 바 있다(『해동야언』, 권2, 「세종기」).

당시 병조판서가 맹사성의 집을 방문한 후 집을 치장하는데

골몰했던 자신을 반성했다는 일화도 있다. 병조판서 황상(黃象)이 맹사성의 집을 방문했을 때 갑자기 소낙비가 쏟아졌다. 빗줄기가 거세지면서 방 안으로 비가 샜고 맹사성과 병조판서의 옷마저 흠뻑 적셔놓았다. 그때 병조판서는 바깥에 행랑채를 짓고 있었는데 몹시 부끄러워하며 집으로 돌아와 즉시 짓고 있던 행랑채를 철거했다고 한다(『해동야언』, 권2, 「세종기」).

청백리로 알려진 맹사성도 세간의 비난을 비켜가지는 못했다. 온전한 삶을 꾸려간다는 것이 어렵고도 어려운 일임을 새삼 보여주는 대목이다. 그 대표적인 사례로 1427년(세종 9)에 황희의 사위 서달(徐達)이 아전을 살해한 사건에 대해 이를 조작·은폐하는 일에 맹사성도 깊이 연루된 적이 있다.[2] 맹사성은 친분이 깊던 황희의 부탁을 뿌리치지 못하고 피해자 집안과 화해를 주선하는 한편 신창현감에게 청탁을 넣어 종에게만 책임을 묻도록 하였다.

그때에 황희가 찬성[사건 당시 좌의정]으로 있었는데, 신창현은 바로 판부사[사건 당시 우의정] 맹사성의 본고향이므로 그에게 부탁하여 원수진 집과 화해를 시켜 달라고 하였다. 표운평의 형 표복만이란 자가 때마침 서울에 왔기

---

[2] 당시 정승·판서의 명단을 보면, 좌의정 황희(黃喜), 우의정 맹사성(孟思誠), 찬성 권진(權軫), 이조판서 허조(許稠), 호조판서 안순(安純), 예조판서 신상(申商), 공조판서 성달생(成達生), 병조판서 황상(黃象), 형조판서 서선(徐選) 등이었다(『세종실록』 1427년(세종 9) 5월 21일).

로, 맹사성이 그를 불러들여 힘써 권하기를 "우리 신창 고
을의 풍속을 불미스럽게 하지 말라"고 말하고, 신창현감
곽규에게도 서찰을 보내 일을 잘 주선해달라고 하였다. 서
선도 또한 곽규와 이수강을 찾아가 서달이 독자임을 들어
동정을 구했다. 서선의 사위 노호는 이웃고을의 수령으로
있었는데 그 역시 몸소 찾아가기도 하고 사람을 시켜서 애
걸하기도 하였다.

— 『세종실록』 1427년(세종 9) 6월 21일

위의 사건은 조선시대의 대표적인 청백리 맹사성과 황희의
정치 인생을 뒤흔든 사건이기도 했다. 사건이 세종에게 발각되
면서 맹사성과 황희는 관직에서 파면되는 망신을 샀다. 청백리
로 알고 있던 맹사성도 고향 땅의 일, 지인의 부탁과 관련하여
팔이 안으로 굽는 식으로 처신한 것을 보면 공직을 공명정대하
게 수행한다는 것이 참으로 어려운 일이라는 것을 알 수 있다.
하지만 맹사성의 졸기에는 그러한 흠집은 드러나 있지 않다.

좌의정 그대로 벼슬을 물러난 맹사성이 죽었다.……부
음을 전해 듣고 임금은 슬퍼하여 백관을 거느리고 애도하
였고, 조회를 멈추고 관에서 장례를 돌보도록 하였다. 시
호를 문정(文貞)이라 하였는데, "매사에 신실하고 예의를
다해 사람을 대접했다[忠信接禮]"고 하여 '문(文)'을 취하고
"청백한 마음으로 절조를 지켰다[淸白守節]"고 하여 '정(貞)'

을 취하였다. 맹사성의 사람됨이 차분하고 간결했으며 선비를 예절로 대우하는 것은 천성에서 우러나왔다. 벼슬하는 선비로서 비록 지위가 낮은 자를 만날 때에도 반드시 관대를 갖추고 대문 밖에 나와 맞아들여 윗자리에 앉히고, 물러갈 때에도 역시 몸을 구부리고 손을 모으고서 가는 것을 보되, 손님이 말에 올라앉은 후에라야 돌아서 문으로 들어갔다. 창녕부원군 성석린(成石璘)이 맹사성에게 선배가 되는데, 그 집이 맹사성의 집 아래에 있으므로 매양 오고 갈 때마다 반드시 말에서 내려 지나가기를 성석린이 세상을 마칠 때까지 하였다. 또한 음률에 능하여 손수 악기를 만들기도 하였다. 그러나 성품은 어질면서도 우유부단하여 무릇 조정과 관에서 일어나는 큰 논의나 일 처리에는 과단성이 부족하였다. 외아들 맹귀미(孟歸美)는 먼저 죽고, 손자가 둘이 있으니 맹효증(孟孝曾)과 맹계증(孟季曾)이었다.

— 『세종실록』 1438년(세종 20) 10월 4일 좌의정잉령치사맹사성졸기

덧붙이자면, 맹사성의 후손들도 행여 그들의 고단한 삶을 벗어날 수 있을까 하여 조상의 이름을 내세웠던 씁쓸한 장면을 만날 수 있다. 1793년(정조 17) 1월 충청도 서산에 사는 맹상원와 맹상린은 자신들이 맹희도의 13대손—맹사성의 12대손이라고 밝히고, 지금 집안이 영락하여 먼 시골에 살다가 억울한 지경에 처했다면서 궁핍한 처지를 헤아려달라고 조정에 호소하였다가 임금으로부터 '매우 외람된 일[甚猥越]'이라며 퇴짜

를 맞은 적이 있다(『일성록』 1793년(정조 17) 1월 18일). 이처럼 조상이든 후손이든 그들의 삶을 올곧게 가져가기는 어렵고도 어려운 일이라는 것을 알 수 있다.

3. 세종의 시대를 빛낸 명재상 황희

청백리의 대명사로 알려진 방촌 황희(厖村 黃喜, 1363~1452)는 개성에서 판강릉부사 황군서(黃君瑞)의 얼자(孽子)로 태어났다. 황희는 1383년(고려 禑王 9)에 진사시에 입격한 후, 1389년(고려 昌王 1)에 식년 문과에 급제하였다. 조선의 건국 직후, 황희의 관직생활은 평탄하지를 못했다. 황희가 관직에서 힘을 얻게 된 것은 박석명(朴錫命, 1370~1406)의 뒷받침이 있었기 때문이다. 박석명은 고려 우왕~조선 태종 때의 문신으로 정종이 태종에게 선위할 때 그 교서를 전했던 인물이다.

황희는 태종이 즉위한 후 박석명의 추천을 받으면서 태종의 재위기간에 정치적으로 중요한 역할을 맡았다. 황희는 박석명의 뒤를 이어 승정원의 관리인 지신사(知申事=도승지)에 임명된 후로는 외척세력 제거 및 공신세력 견제에 힘썼고, 육조의 판서직을 두루 수행하면서 각종 제도와 법령을 제정·정비하는 데 큰 업적을 남겼다. 황희는 지신사 시절부터 판서 시절에 이르기까지 태종과 매일같이 면대하여 정사를 논할 정도로 친밀하였으나 충녕대군이 아닌 양녕대군을 지지한 탓으로 조정에서 퇴출되었다(소종, 2015). 퇴출 당시 태종의 황희를 위한 구구한 변명은 역설적으로 임금이 그를 얼마나 신임했는지를 말해 준다(『태종실록』 1418년(태종 18) 5월 12일). 태종은 황희를 아끼고 사랑하기를 부모가 자식을 보살펴 기르는 것처럼 하였다고 고백한 바 있다. 태종의 발언을 통해 볼 때, 황희는 처음부터 태종에 의해 양성된 관료였고 태종의 공신세력 견제 및 국정 운영을 위해 크게 쓰인 인물이었음을 알 수 있다(소종, 2015).

황희는 40대 후반부터 50대 전반까지 10여 년 동안 육조 판서를 두루 역임하고, 18년간이나 영의정 자리에 있으면서 청백리의 귀감을 보여 주었다고 널리 알려져 있다. 하지만 황희의 정체성에 대한 그간의 해석에는 어느 정도의 각도 조정이 필요하다고 생각한다. 세종은 황희에게 내린 교서에서 "지혜는 일만 가지 정무를 통괄하기에 넉넉하고 덕은 모든 관료를 진정시키기에 넉넉하다"면서 그를 나라를 다스리는 큰 그릇[偉器]이자 나라의 주춧돌[柱石]이라고 높이 평가하였다(『세종실록』 1432년(세종 14) 4월 25일). 세종의 황희에 대한 평가에 유의할 때, '청백리의 귀감' 황희라는 궤적을 맴도는 이야기보다는 '세종의 시대를 빛낸 명재상' 황희를 재구성하는 논의로 이어질 필요가 있다. 명재상 황희의 스펙트럼은 태종에게 발탁되어 요직에 중용되었던 황희, 세종을 보좌해 태평성대를 열었던 황희, 조선의 위상을 다진 노련한 외교술의 소유자 황희 등으로 표상할 수 있다. 황희는 예조판서가 되어 조선 고유의 제도를 닦았으며, 위대한 군주 세종의 혁신을 도왔고, 4군 6진 개척을 배후에서 지휘하면서 북방의 경계를 확장하는 데도 큰 역할을 맡았다(이성무, 2014).

몇몇 일화로 알려진 황희의 삶은 대체로 미담 중심으로 채워져 있다. 대표적인 사례로, 사치 풍조의 극성을 염려했던 정조가 황희의 미담을 인용한 경우를 들 수 있다.

사치 풍조의 극성이 오늘날보다 더한 적이 없었다. 비록 지극히 가난하고 미천한 사람이라도 온갖 살림살이며 음식, 의복 등을 모두 제 모습을 갖추려고 한다. 또한 밭을 갈지도 않고 베를 짜지도 않는 이들이 쓰는 재물은 어디에서 나겠는가. 이 때문에 백방으로 방법을 찾아 반드시 하나의 이권을 꿰차려 하며 수령이 되면 오직 자신의 이익만을 생각하여 간악함을 일삼고 법을 어기는 등 못하는 것이 없으니 참으로 안타까운 일이다. 지난날에는 예컨대 조참(朝參)-진하(陳賀)-대제(大祭) 때에 신료 가운데 헤진 조복(朝服)을 입은 이도 있었고, 비록 재상이라도 종종 제용감(濟用監)에서 제공하는 제복과 관복을 입기도 했는데, 근래에 와서는 색 바랜 조복을 입은 자가 아주 드물뿐더러 제용감에서 제공되는 제복을 입은 사람이 하나도 없으니, 이를 통해 풍속이 지나치게 사치하다는 것을 엿볼 수 있다. 이 어찌 사람들의 재력이 옛날보다 나아져서 그러겠는가. 다만 세상에 식견 있는 사람이 적은 까닭에 일시의 벼슬아치들이 모두 이처럼 하지 않으면 수치라고 여겨 온 힘을 다해 본받으려 하기 때문이다. 지난날 황희(黃喜)가 거친 베옷과 헤진 도포를 입고 정부에 나와 공무를 보자 이튿날 비단옷을 입은 자들이 모두 옷을 바꿔 입고 나왔다는 말이 지금까지도 전해지고 있다. 오늘날 재상 중에 어느 누가 이렇게 할 수 있겠는가. 생각하면 개탄스러울 뿐이다.

— 『홍재전서』, 권175, 「일득록십오[훈어이]」

하지만 황희의 전체적인 삶의 과정에 대해서는 미담 중심으로만 말하기 어려운 무거운 얘기들을 접할 수 있다. 그의 삶에 대한 역사적 맥락과 객관적 사실을 정확하게 다루는 작업이 필요한 까닭이 여기에 있다.

누구라도 황희처럼 권력을 오래 잡았다면 청렴결백하게 살아가기가 쉽지는 않았을 것이다. 『세종실록』에서는 황희가 사람들과 함께 일을 의논하거나 질문에 대답하는 경우에 "언사가 온화하고 단아하며 의논하는 것이 다 사리에 맞아서 조금도 틀리거나 잘못됨이 없었다"면서 이 때문에 "임금은 그를 진중한 사람으로 보았다"고 지적하고, "그러나 그의 마음씀[心術]은 바르지 아니하니 혹시 자기에게 거슬리는 자가 있으면 그를 몰래 중상하였다"고 그의 인격을 꼬집은 바 있다(『세종실록』1428년(세종 10) 6월 25일). 이는 황희의 사위 서달이 아전을 살해한 사건에 대해 이를 조작·은폐코자 했던 일(『세종실록』

1427년(세종 9) 6월 21일)을 두고 내린 평가이기도 할 것이다.

황희의 졸기에는 세종시대를 빛냈던 명재상 황희, 24년 동안 어진 재상으로 추앙받았던 황희의 모습이 무력한 필치, 희미한 색채로 그려져 있다.

재상이 된 지 24년 동안에 중앙과 지방에서 우러러 바라보면서 모두 말하기를 어진 재상이라 하였다. 연로해서도 기력이 강건하여 홍안백발을 바라보면 신선과 같았으므로, 세상에서 그를 송나라 초기의 명재상 문노공(文潞公 =文彦博)에 비하였다. 그러나 성품이 지나치게 관대하여 제가(齊家)에 단점이 있었으며, 청렴결백한 지조가 모자라서 권력을 오랫동안 잡고 있었으므로 자못 청렴하지 못하다는 비난이 있었다.

— 『문종실록』 1452년(문종 2) 2월 8일 영의정부사잉령치사황희졸기

이어지는 황희의 졸기에는 그가 제가에 소홀했다는 인물평의 근거로 "아들 황치신에게는 관청에서 몰수한 과전(科田: 국가가 지급한 전토)을 바꾸어 주려고 글을 올려 청하였다"는 사실을 들었다. 사건의 전말을 설명하자면, 황희의 둘째아들 황보신이 관의 물건을 훔친 죄를 지어 과전을 몰수당할 위기에 처하자 당시 호조참판으로 있던 형(황치신)이 몰수당할 동생(황보신)의 비옥한 땅과 자신의 척박한 땅을 바꿔치기했다가 파면당했다(『세종실록』 1441년(세종 23) 6월 11일, 13일). 이 사실을 포

착한 사헌부와 사간원이 황치신-황보신 형제를 탄핵하기에 이르렀다. 이때 아버지 황희가 자신의 과전과 몰수당한 자식의 과전을 바꿔달라는 상소를 올려 그의 뜻대로 일이 처리되었다. 그러자 사헌부와 사간원의 대간들은 죄 지은 아들에게 몰수한 땅을 그 아버지에게 준다는 것이 말이 되느냐면서 황희와 그 자식들의 인격을 싸잡아 공격하였다(『세종실록』 1441년(세종 23) 8월 20일, 23일).

조선시대에는 부정한 방법으로 재물을 얻거나 뇌물을 먹은 관리를 다루는 법이 엄격했다. 뇌물을 받아 챙긴 관리─장리(贓吏)로 지목되면 일신의 추락은 물론 자손들의 출세 길도 막혔다. 황희는 황치신(黃致身), 황보신(黃保身), 황수신(黃守身) 세 아들에다가 황중생(黃仲生)을 서자로 두었으나, 특히 둘째 아들 황보신의 부정한 삶이 아버지의 마음을 버겁게 만들었다. 재상으로 24년, 그 중에서 영의정만 18년을 지내면서 세종의 시대를 빛낸 명재상 황희, 그는 삶의 막바지에 이르러, 10여 년 전에 관의 물건을 훔친 사건으로 죄인의 삶을 살고 있는 아들 황보신의 죄를 구원해달라는 청을 임금에게 넣었다. 나이 90세를 바라보는 대신의 마지막 소원은 이렇게 '평생의 영예'(이숙인, 2017)가 무너지는 방식의, 소원 같지 않은 소원이었다.

신의 아들이 뇌물죄를 범해 관직을 삭탈 당한 지 11년이 되었습니다. 신의 나이 지금 89세이니 죽음이 조석에 달려 있습니다. 늙은 소가 송아지를 핥아 주는 심정이고 보니 아들의 일은 목숨이 다할 때까지 해소되지 못할 고통입니다. 감히 임금의 위엄을 범하면서 죽음을 무릅쓰며 아룁니다.

— 『문종실록』 1451년(문종 1) 2월 2일

영의정으로 있으면서도 10여 년을 망설였던 아버지는 죽음이 임박해서야 아들의 앞날을 위해 자신이 평생 쌓아온 영예를 내려놓았고, 왕은 신하들의 완강한 반대에도 불구하고 대신의 마지막 소원을 들어주었다(이숙인, 2017). 황희는 어쩌면 삶의 막바지에 이르러서야 탐욕과 염치 사이에서 평범하게 사는 삶의 소중함을 깨달았는지 모른다. 아들 황보신은 직첩을 돌려받았지만 10년이 지나고 20년이 지나도 손자 황경형(黃敬兄)은 장리의 자손이라는 이유로 요직에 진출하지 못한 채 권력의 언저리를 서성이는 신세가 되고 말았다(이숙인, 2017).

황희의 큰아들 황치신은 문음[蔭補]으로 벼슬에 나아가 호조참판·호조판서까지 올랐으며 후에 우의정으로 추증되었다. 황희의 셋째아들 황수신도 문음으로 벼슬에 나아가 우의정·좌의정을 거쳐 영의정까지 올랐다. 부자 2대에 걸쳐 영의정을 지낸 것이다. 황희의 둘째 아들 황보신은 앞서 말한 관의 물건을 훔친 것이 발각되어 고위 관직에 오르지 못했으며, 그의 아들 황경형 또한 요직에 진출하지 못했다.

황희, 황치신, 황수신에 대해서는 아득한 후손 매천 황현(梅泉 黃玹, 1855~1910)의 얘기를 들어볼 필요가 있다. 황현은 황희, 황치신, 황수신에 대해 "우리 황씨는 국내에서 거의 명문세가의 하나라고 할 수 있으나 이제는 쇠미해져서 세력을 떨치지 못한 지가 오래되었다"고 말하고 "우리 집안은 다행스럽게도 큰 벼슬에 오른 사람이 없다 보니, 위로는 조상의 이름을 더럽히는 부끄러움이 없고 아래로는 후손에게 재앙을 끼칠 두려움이 없다"는 점을 말하였다(『매천집』, 속집권1, 「지모재기」).

　쇠락한 가문이기에 다행이라는 역설을 말하는 황현의 내면은 그가 자결에 앞서 남겼던 "가을 등불 아래 책 덮고 천년의 역사를 회고하니[秋燈掩卷懷千古] 세상에서 글 아는 사람 노릇하기 힘들다[難作人間識字人]"(『매천집』, 권5, 「절명시」)고 했던 생각과 크게 다르지 않을 것이다. 황현은 아득한 옛날의 선조를 기억하면서 "익성공(翼成公: 황희, 1363~1452)이 성대한 정승으로서의 업적을 이룬 것은 후덕함이 그 바탕이었고, 호안공(胡安公: 황치신, 1397~1484)과 열성공(烈成公: 황수신, 1407~1467)이 가문을 빛내고 벼슬이 높았던 것은 효성과 우애가 그 바탕이었으며, 무민공(武愍公: 황진, 1550~1593)과 문정공(文貞公: 황정욱, 1532~1607) 이래로 나라에 공을 세운 사람이 대대로 나온 것은 충성과 근면이 그 바탕이었다"고 조상들의 영광스러운 삶의 계보를 상기하였다(『매천집』, 속집권1, 「지모재기」). 황현이 위의 글을 쓸 때는 나라가 위기의 늪에 빠져들었던 1904년(광무 8) 중추절이었다.

3장 염근인의 앎과 삶 — 유성룡, 이시언, 이원익

1. 유성룡, 성도의 뽕나무 800그루

청렴한 관리로 추앙받는 자들은 생전에 염근인(廉謹人)＝염근리(廉謹吏)＝염근자(廉謹者)＝염리(廉吏)로 불리다가 세상을 떠난 후에는 청백리(淸白吏)라는 이름을 얻게 된다. 그러니 염근인은 한시적으로 부르는 이름일 뿐이며 시간이 흘러 역사가 될 때에는 당초의 염근인은 청백리로 불리게 된다는 것을 알 수 있다. 앞서 유관, 맹사성, 황희를 일컬어 청백리라고 부르는 데 익숙했던 것은 그들이 일찍이 역사 속의 인물로 기억되어왔기 때문일 것이다.

정약용은 염근인의 존재론적 특성을 세 등급으로 나누어 말하였다. 첫째, 나라에서 주는 봉급 이외에 한 푼도 받지 않는 상고시대의 염리[古之所謂廉吏], 둘째, 봉급 이외에도 정당한 것은 받는 중고시대의 염리[中古之所謂廉吏], 셋째, 스스로 손을 벌리거나 또는 자기가 먼저 시작하지는 않지만 선례가 되어 있는 것은 명분이 바르지 않더라도 받는 오늘날의 염리[今之所謂廉吏]가 그것이다(『목민심서』, 권2, 「청심[율기제이조]」). 여기서 말하는 염리는 조선시대의 일반적인 어법으로는 염근인에 해당한다. 물론 정약용의 구분법으로 말하자면 나라에서 주는 봉급 이외에 한 푼도 받지 않는 상고시대의 염리야말로 조선시대의 염근인이 지향해야 할 진정한 모습이었을 것이다.

1694년(숙종 20)에 좌의정 박세채는 그동안 조정에서 선발된 염근청백리(廉謹清白吏)의 명단이 제대로 정리가 안 되었다면서 『실록』을 점검하여 이를 재분류할 필요가 있다고 건의하였다. 이에 대해 숙종은 "청백과 염근은 두 가지 일이 아니므로[淸白廉謹非是兩件事] 실록을 고찰하여 정리할 필요가 없다[則不必考實錄]"는 답변을 내놓았다(『숙종실록』 1694년(숙종 20) 10월 19일).

염근인 선발과 관련해서는, 염근인과 청간인[淸簡之人]을 구분하면서 청간인을 선발하기 어렵다는 점을 들어 대신 염근인을 뽑기로 하였다는 기록을 접할 수 있다(『명종실록』 1551년(명종 6) 11월 10일). 조선시대의 기준으로는 염근인과 청간인을 준별할 정도의 이론적 기준을 지니고 있었으나, 염근인의 선발에 주력하는 다소 현실적인 방법을 택했음을 알 수 있다. 대표적인 사례로, 1601년(선조 34) 10월 16일, 2품 이상의 대신을 대상으로 한 유성룡(柳成龍), 이시언(李時彦), 이원익(李元翼), 허잠(許

潛) 네 사람의 염근인=염근리 선발을 들 수 있다.[3] 염근인으로
뽑힌 유성룡에 대해 살펴보도록 하자.

하회 마을[4]의 유산은 서책뿐이니
자손들 나물밥도 챙기기 어렵도다
어쩌다 10년을 정승 자리 있으면서
성도의 뽕나무 800그루도 없단 말인가
　　　— 정경세(鄭經世, 1563~1633)가 유성룡의 아들 유진(柳袗,
　　　　　1582~1635)에게 준 시, 『성호사설』, 권15, 「서애청백」

서애 유성룡(西厓 柳成龍, 1542~1607)이 온갖 비방을 받고 조
정에서 물러난 데는 그가 소유한 전장도 큰 요소로 작용하였
다. 당시 유성룡을 비방하는 자들은 그가 소유한 "세 곳의 전
장(田莊)이 미오(郿塢)보다 더하다"는 의혹을 제기했다. 미오(郿
塢)는 중국 섬서성(陝西省)의 미현(郿縣)에다가 만들었던 성채[塢]

---

[3] 그런데 사관은 위의 염근인=염근리 네 사람 중에서 허잠을 문제삼았다. 사관은 "허잠은 매
우 간사하여 도처에서 청백으로 꾸며 이름을 얻었으나 실제는 좌우의 근신을 잘 섬겨 출세
할 계획을 하였다가 이번에 뽑힌 것이므로 비난하는 사람이 많았다"며 그는 염근인=염근
리의 자격이 없음을 지적하였다(『선조실록』 1601년(선조 34) 10월 16일).

[4] 하회 마을은 서애 유성룡의 후손들이 일가를 이루어 살고 있다. 다산 정약용은 『택리지』의
발문을 지으면서 "우리나라에서 별장이나 농장이 아름답기로는 오직 영남이 최고이다. ……
그들의 풍속은 가문마다 각각 한 조상을 추대하여 한 터전을 점유하고서 일가들이 모여 살
아 흩어지지 않는데, 이 때문에 조상의 업적을 공고하게 유지하여 기반이 흔들리지 않을
것이다. 가령 진성이씨는 퇴계를 추대하여 도산(陶山)을 점유하였고, 풍산유씨는 서애를 추
대하여 하회(河洄)를 점유하였고, 의성김씨는 학봉을 추대하여 내앞(川前)을 점유하였다"고
말했다(『여유당전서』, 시문집권14, 「발택리지」). 이처럼 회회 마을은 서애 유성룡의 후손들
이 일가를 이루어 살아가는 세거지였다.

를 일컫는다. 후한 말기 권신이었던 동탁(董卓)은 미현에 성채를 짓고서 그 이름을 '만세오(萬歲塢)'라고 불렀고, 그 성채 안에 많은 재물을 쌓아 두었다(『후한서』, 권72, 「동탁」). 그 후로, 미오라는 말은 재물에 탐욕을 부려 부정한 부를 축적하는 행위를 일컫는다. 그런데 유성룡의 탐욕이 바로 동탁의 미오보다 심하다는 공격에 내몰린 것이다. 우선 재물에 탐욕을 부리는 존재로 내몰렸던 유성룡에 대해서는 이익이 인용한 정경세의 글을 통해 그 실상을 파악할 필요가 있다.

당시 호피[皐比] 한 장으로 산을 샀는데
비방하는 말이 쌓여 그지없었네
십년을 정승자리에 있었는데
집안에 양식 한 섬 없을 줄을 누가 알겠는가
오직 이항복만이 마음으로 알아주어
공정한 한마디가 역사책에 전해졌네
미오(郿塢)란 두 글자는 허공의 뜬구름
강한(江漢)의 맑은 물에 깨끗이 씻겨 갔네
운암(雲巖)은 주인을 만나 명성이 높아졌는데
그 많던 비방의 말은 흔적조차 없구나.

— 『성호전집』, 권8, 「운암곡」

한 때 반대파에 의해 탐욕스러운 존재로 내몰렸던 유성룡은 그를 제대로 알아주었던 이항복의 추천으로 청백리에 이름을 올렸다. 이항복은 유성룡의 탄핵에 대해 "이 탄핵이 유성룡에게는 그 경중이 될 바가 없고, 다만 다른 간사한 무리들을 경고하기 위하여 미오(郿塢) 두 글자를 사용한 것이다"라고 지적하였다(『성호사설』, 권15, 「서애청백」).

유성룡이 세상을 떠날 때에는 남겨놓은 재산이 없어 여러 아들이 추위와 굶주림에 시달려 살길이 막막했다. 정경세가 유성룡의 아들 유진에게 준 시에서 성도의 뽕나무 800그루를 언급한 것은 뭔가 특별함이 있다. 촉한의 재상 제갈공명은 죽음을 앞두고 후주(後主) 유선(劉禪)에게 "성도에 뽕나무 800그루와 척박한 땅 15경이 있으니[成都有桑八百株薄田十五頃] 자손들의 먹고사는 일은 이것으로 충분합니다[子孫衣食自有餘饒]"라는 말을 남겼다(『삼국지』, 권35, 「제갈량」). 이 고사는 후에 청렴한 관리가 탐욕을 부리지 않고 자손들의 생계를 위한 최소한의 생업을 마련한다는 의미로 자주 인용되었다. 여기서는 유성룡이 너무도 청렴하여 자손을 위한 대책조차 마련해 놓지 않았다는 뜻으로 쓰인 것을 알 수 있다. 유성룡이 처음 관직에 진출할 때의 마음가짐, 그의 초심에는 서울 근교에 자신이 머무를 공간을 마련할 뜻이 없었다. 그것은 분명 탐욕과 사치의 변형물이라고 보았기 때문이다.

유성룡이 새로 관직에 들어서자 이준경을 찾아갔는데, 이준경이 "서울 근교에 장만한 가옥[庄舍]이 있는가"라고

묻기에 "없다"고 대답하자, 이준경이 다시 "벼슬하는 사람
은 반드시 가옥을 장만해두어야 편리하다"고 하였다. 유성
룡이 속으로 의심하면서 자못 불만스럽게 여겼는데, 후일
에 갑작스레 조정에서 물러 나와 의지할 곳이 없어 사찰에
기거하면서 큰 곤란을 겪게 되자 "당시 이준경의 말이 참
으로 맞는 말이었다"고 했다.

— 『성호사설』, 권15, 「서애청백」

하지만 유성룡도 살면서 의지할 곳 하나 마련치 못한 것에
대해 다소 생각이 바뀐 것을 알 수 있다. 거처를 마련하는 일
에 대해 그 마땅치 못함을 비판하기도 했지만 몸 둘 곳 하나
마련치 못한 자신의 현실이 불편하기도 했을 것이다.

충청도 단양의 장림역(長林驛)에서 남쪽으로 6~7리 정도 계
곡을 따라 들어가다 보면 운암(雲巖)이라는 경치가 매우 뛰어난
곳에 이르게 된다. 이곳은 일찍이 조신(曺伸, 1454~1529)이 거처
로 삼고 수운정(水雲亭)이라는 작은 정자를 지었으나 임진왜란
후로는 버려두고 간수하지 않았기에 유성룡이 호피[皐比] 한
장을 주고 이 정자를 사들였다. 하지만 유성룡은 수운정을 매
입해놓고도 관직에 매인 몸이어서 이곳에 들르지도 못하고 꿈
속에서 노닐거나 마음으로만 즐길 뿐이었다. 유성룡은 1598년
(선조 31) 2월에 남녘에서 단양을 경유하여 서울로 올라오는 길
에 모처럼 이곳에서 노닐고 오언시를 시내 바위에 적어 회포

를 풀었다. 이때에 수운정에 대해 지은 시는 다음과 같다.

조신이 일찍이 노닐던 땅인데
내 집이 우연히 이웃에 있었네
골짝이 깊어 때로 사슴도 보이고
마을이 멀어 만나는 사람도 없네
산수를 찾는 마음에 푹 빠져서
안개 길을 거닐며 호연지기를 기르고픈데
왜란이 남녘에 한창이니
어느 곳인들 풍진을 피할 수 있으랴.

— 『서애집』, 권1, 「제운암석상[병서]」

유성룡은 조신에게 호피 한 장을 주고 운암의 전원을 매입한 후 이곳에서 노년을 보내고자 하였다. 하지만 유성룡은 이곳 수운정에서 마음의 여유를 제대로 누려보지도 못한 채 후일 온갖 비방과 논란에 휩싸이고 말았다. 1598년(선조 31)에 문홍도(文弘道, 1553~1603)는 유성룡을 탄핵하면서 "(유성룡이 소유한) 전원이 온 나라에 두루 깔렸다[田園遍中外]"고 공격하였다(『선조수정실록』 1603년(선조 36) 5월 1일). 문홍도가 온 나라에 깔렸다고 말한 유성룡의 전원이란 사실상 위의 수운정을 일컫는다. 『선조수정실록』에서는 이에 대해 "유성룡을 낭자하게 공격하여 그를 추방[削黜]한 뒤에야 그만두었다"고 지적하였다. 이처럼 문홍도는 유성룡을 비방하고 공격하여 흉한 인물[兇人]로 만들고 말았다(『선조수정실록』 1607년(선조 40) 5월 1일).

정경세가 단양에 있는 유성룡의 정자를 얘기하면서 <도산십이곡>을 인용한 것은 시사하는 바가 크다. 유성룡의 정자에 대해 "예전 퇴계 선생이 수령살이하던 곳 결국 다시 문도에게 돌아갔구나"라고 했고 "난리를 평정한 공 다 이룬 후에 때로 옷깃 풀고 발 뻗고 앉아서 <도산십이곡>을 거듭 읊조리나니 소리개가 하늘 높이 날아오르고 물고기가 연못 위로 뛰어오르는 이치 풍광 속에 동한다"고 했다(『성호전집』, 권8, 「운암곡」). <도산십이곡>은 유성룡의 스승 퇴계 이황이 만년에 예안에 도산서당을 세우고 학문하고 수양하면서 얻은 감흥을 주변의 경치와 연계하여 읊은 시이다. 이황은 우리나라의 노래가 비속한 내용이 많아 풍속을 면려하기에 부족하다고 여겨 <도산십이곡>을 지었다고 한다. <도산십이곡>은 모두 12편인데 이별(李鼈)의 <육가>(六歌)를 본받아 앞의 6편은 의지의 향방을 주제로 삼고, 뒤의 6편은 학문의 지향을 주제로 삼았다(『퇴계집』, 권43, 「도산십이곡발」). 정경세의 이런저런 얘기를 통해 유성룡의 청백리정신은 부동산에 대한 욕심이 아니라 자연에 대한 사랑에서 나온다는 사실도 확인할 수 있다. 유성룡이 한때 자연과 산수를 벗 삼아 지냈던 단양의 정자 운암장[수운정]은 그 후로는 참판 오대익(吳大益)[5]의 소유로 넘어갔다(『여유당전

---

5 운암 오대익(雲巖 吳大益, 1729~1803)은 그의 호가 운암(雲巖)인 데서도 알 수 있듯이 단양의 정자 운암장[수운정]을 애지중지했다. 운암장[수운정]은 유성룡과 오대익의 삶의 궤적을

서』, 시문집권14, 「발수운정첩」, 「단양산수기」).

2. 이시언, 그의 존재와 시간

추천 이시언(秋泉 李時彦, 1545~1628)은 효령대군 이보(李補)의 5대손이며 부호군 이형(李泂)의 아들이다. 1573년(선조 6) 사마시를 거쳐 1576년(선조 9) 식년문과에 갑과로 급제하였고, 관직은 삼화현령과 평산부사를 시작으로 53년 동안 내직과 외직을 두루 거쳤다.

이시언이 경주부윤으로 있을 때, 경상도 순검어사(巡檢御史) 유간(柳澗, 1554~1621)은 임금에게 장계를 올려 "경주부윤 이시언은 몸가짐이 청렴하며 신실했고 일 처리를 분명하게 하였는데, 군사 훈련[鍊兵]에 더욱 유의하여 지성으로 조치하며 대비하였습니다"라고 평가하였다(『선조실록』 1604년(선조 37) 3월 29일). 이시언은 53년 동안 내직과 외직을 두루 역임하면서 국법을 받들어 직책을 수행하였고 항상 청렴강직한 풍도를 유지하

통해 상당한 정보를 확인할 수 있으며, 이에 관해서는 번암 채제공이나 다산 정약용의 글이 도움이 된다(『번암집』, 권9, 「송오경삼[대익]귀단양선장아좌서회」;『여유당전서』, 시문집권1, 「단양절구오수」, 시문집권4, 「발수운정첩」, 「단양산수기」). 오대익에 관한 또다른 얘기로 그의 정주사건[定州事]을 들 수 있다. 오대익은 평안도 정주목사 재임 중에 정주지방의 4백여 명의 부호들을 향안(鄉案)—양반 명부에 등록하면서 소위 예전(禮錢)이란 명목으로 백성들의 재물을 5백 냥~6백 냥씩 강제로 징수하여 그 해독이 온 고을에 미치는 사건을 일으켰다(『정조실록』 1790년(정조 14) 4월 10일, 15일; 『일성록』 1790년(정조 14) 4월 10일, 15일). 이처럼 향안에 명단을 올리는 일은 백성들의 재물을 거두어들이는 가장 교묘한 방법이자 토색질 중에서도 가장 혹독한 것이기도 했다.

였다. 위급한 상황에서도 항상 정도를 고수하였으며, 임금에게 직간하는 신하[直臣]로서의 기풍을 잃지 않았다(『인조실록』 1624년(인조 2)년 1월 15일).

　임금은 이시언에 대해 "사람들은 젊었을 적엔 청렴[淸苦]한 삶을 살다가도 늙어지면 혹여 흐트러지곤 하는데 처음부터 끝까지 변치 않은 것이야말로 참으로 하기 어려운 일이라고 하겠다. 게다가 나이가 많은 것 또한 숭상할 만한 일이다"고 높이 평가하였다(『계곡집』, 권15, 「찬성이공행장」). 계곡 장유(谿谷 張維, 1587~1638)는 이시언에 대해 "한 세상의 대로(大老)로 존경받으면서 그 청아한 명망이 처음부터 끝까지 한 번도 더럽혀진 적이 없었다"고 말하면서 그를 '한 시대의 완전한 인물[一代完人]'이라고 높이 평가하였다.

　① 이시언은 고을을 다스릴 적에 엄격하고 분명하게 아랫사람들을 대하고 청렴결백한 자세로 자신을 단속하면서 급여[月廩] 이외에는 털끝만큼도 손을 대는 일이 없었다. 그리고 오직 모친 봉양에만 마음을 두면서 어떻게 해서든 모친을 기쁘게 해 드리려고 모든 힘을 기울였다.……이때 호남의 수령[守宰] 한 사람이 이시언에게 부채[夏扇] 하나를 선물로 준 일이 있었는데, 이시언이 이 사실을 갖추어 진달하며 자신을 탄핵하였다. 동료들이 너무 지나친 일이 아니냐고 말하자, 일컫기를 "지금이 어떤 때인데 안부를 물으며 선물을 줄 수 있단 말인가. 애초부터 그 근원을 막

아야지 그렇지 않으면 잘못이 마구 흘러넘치게 될 것이다”
고 하였다.

② 이시언은 장령(掌令)에 임명된 뒤 요동(遼東)의 군지휘
부[軍門]에 가서 군량을 요청하게 되었다. 당시 엄동설한에
노숙을 하였는데, 역관(譯者)이 양털담요[羊被. 신도비명에
는 毳具]를 바치자 공이 물리치면서 말하기를 “임금과 부
모가 지푸라기를 덮고 주무시는 마당에 신하와 자식된 도
리로 무슨 마음으로 따뜻한 이불을 덮고 자겠는가”라고
하였다.

③ 임금이 염근리(廉謹吏)를 선발하도록 명하여, 조정을
통틀어 겨우 4명을 선발하였는데, 그 중에 이시언이 포함
되었다.……1624년(인조 2) 봄에 경연 석상에서 오윤겸(吳
允謙)이 아뢰기를 “이모의 나이가 올해 80세인데 청렴결백
한 그 절조로 말하면 세상에서 그와 같은 사람을 찾기가
어렵습니다. 선조 임금 때 뽑힌 염근리 네 사람 가운데 지
금 남아 있는 사람으로는 단지 이시언과 이원익이 있을 따
름입니다”라고 하였다.

— 『계곡집』, 권5, 「찬성이공행장」

이시언의 청백한 삶에 대해서는 임금으로부터 크게 인정받
았고 당시 사람들은 모두 이를 크게 부러워하였다. 이시언은
집안이 본디 가난하였는데, 귀한 신분에 이르러서도 가난한
삶은 조금도 달라지지 않았다. 그가 세상을 떠났을 때에는 상
기를 마치기도 전에 재물이 바닥나서 제물을 올리는 것마저

어려울 정도였으며, 임금의 하사물품에 힘입어서 비로소 제사를 지낼 수 있었다. 이시언은 평생토록 다른 사람에게 청탁하지 않았으며 다른 사람들도 감히 청탁하지 못하였으므로 세상 사람들은 그를 포염라(包閻羅)와 같은 사람이라고 높이 평가하였다. 포염라는 송나라의 포증(包拯, 999~1062)을 일컫는다(『청음집』권24, 「우찬성이신도비명」; 『송사』, 권316, 「포증」). 포증은 법관이 되어 사사로운 정을 개입하지 않고 모든 일을 엄정하게 처리하였기에, 사람들은 그를 염라대왕과 같다고 하여 그를 포염라라고 불렀다. 이시언에 대해서는 신도비명에 그의 행적이 자세하다. 이시언의 삶은 한마디로 염근인=염근리로서의 삶을 살았다고 정리할 수 있다.

광해군이 토목공사를 크게 일으키자 조정의 선비들이 앞 다투어 일꾼을 내보내 공사를 도와주었는데, 공은 백성들의 재물을 더욱더 고갈시킨다고 지적하였으며, 오히려 또다시 집안사람들을 금지시키면서 말하기를 "나라를 망하게 하는 일을 하는 데에 비록 능히 간하지는 못한다고 하더라도 어찌 차마 이를 도울 수가 있겠는가"라고 하였다. 조정에서 벼슬한 50여 년 동안에 직임을 잘 지키고 공무를 잘 봉행하면서 험난한 일을 피하지 않았는데, 임금을 사랑하고 나라를 걱정하는 마음은 머리가 허옇게 세어서도 한결같았다. 나라에 큰일이 있으면 지팡이를 짚고서 조정에 나아갔으며, 말을 해야 할 것이 있으면 조금도 숨기지 않고 다 말하였다. 일찍이 말하기를 "나의 평생 행적이 볼만한 것은 없으나, 어버이를 속이지 않고 임금을 속이지 않았는바, 이 점만은 내세울 수 있다"고 하였다. 공은 참으로 맑으면서도 독실히 행한 군자라고 할 만하다.……신도비명[銘]은 다음과 같다.……"높은 자리 관원으로 선발이 되어/청렴하고 청백한 관료가 되었네/셋도 아니고 다섯도 아니었으니/공을 포함해 네 사람이 뽑히었다네."

— 『청음집』, 권24, 「우찬성이공신도비명」

장유의 이시언에 대한 평가를 좀 더 들여다 볼 필요가 있다. 장유는 이시언에 대한 행장에서 말하기를 "뇌물청탁을 가장 싫어했으므로 감히 공에게 사적으로 청탁해 오는 사람이 없었다"고 하였고 "옷을 입는 것도 마치 빈한한 선비[寒士]와 같았으며, 사는 집 역시 비바람을 간신히 가릴 정도에 불과했는데, 공은 이곳에서 담박하게 거처하였다"고 하였다(『계곡집』, 권15, 「찬성이공행장」). 장유는 이시언에 대해 "한 세상의 대로(大老)로 존경 받았다"고 했다. 이시언은 살면서 그의 청아한 명망이 한 번도 더럽혀진 적이 없었다. 이시언이야말로 대로라는 호칭이 딱 어울리는 존재였다.

조정에서 이시언에게 사실상 마지막 벼슬을 임명할 무렵, 임금과 신하들 사이에서 오고간 대화를 통해 이시언의 청백한 삶의 궤적을 다시 한 번 확인할 수 있다. 오윤겸은 이시언에 대해 "나이 80에 이르기까지 청렴결백한 그 절조로 말하면 세

상에서 그와 같은 사람을 찾기가 어렵다"고 지적하였다. 인조
는 "사람들은 젊었을 적엔 청백한 삶을 살다가도 늙어지면 변
하지 않기가 어렵다"는 점을 들어 이시언의 청백리정신이 갖
는 각별함을 높이 평가하였다. 이는 위기지학, 성인지학, 종신
사업을 본질로 삼는 유교의 공부론에 비추어 볼 때, 선비의 일
생에 대한 최고의 찬사라고 말할 수 있다. 적어도 인조는 이시
언에 대해 "나이가 많을뿐더러 그 청백을 숭상할 만하다"고 하
면서 선비의 도덕성과 청백리정신에는 시간의 법칙이 작용한
다는 사실에 유의하였다(『인조실록』 1624년(인조 2)년 1월 15일).

사람들은 세계 안에 던져진 존재로 태어나서 항상 존재의
의미를 묻는 존재로 살아갈 것이다. 존재를 묻는다는 것은 염
려하고 성찰하는 마음으로 세상을 살아간다는 뜻이다. 이를
유교적 어법으로 치환하면 우리는 위기지학, 성인지학, 종신사
업을 공부론의 핵심으로 삼아, 그에 어긋날새라 평생 신독의
자세를 견지하며 살아가는 존재라는 것을 말해준다. 시간의
법정을 살아가는 우리는 평생을, 특히 만년을 청빈과 절의를
온전히 지키는 삶을 살아가지 않으면 안 된다. 유교사회에서
청백리라는 말의 사용에 주저했던 것도 공부론의 본질을 의식
한 대응방식이었음을 알 수 있다. 이시언은 나이 80에 이르기
까지 세상에서 청렴결백한 그 절조를 벗어난 적이 없었다. 유
교지식인이라면 누구나 감당해야 할 가치와 덕목, 그러나 아
무나 지닐 수 없었던 그 청백리정신을 이시언은 일관되게 보

여주었다. 이시언의 삶이야말로 유교판『존재와 시간』의 의미를 되새기는 중요한 장면이라고 말할 수 있다.

3. 이원익과 관감당

오리 이원익(梧里 李元翼, 1547~1634)은 태종의 아들 익녕군 이치(李袳)의 4대손으로 태어났다. 15세에 동학[동부학당]에 들어가 수학한 후 1564년(명종 19)에 사마시에 입격하고, 1569년(선조 2) 별시 문과에 병과로 급제하였다. 1569년에 급제한 이후 선조·광해군·인조 3대에 걸쳐 공직을 수행하였다. 영의정을 다섯 번, 비상상황의 총책임자였던 도체찰사를 네 번 역임하였으며, 세 번의 전쟁, 세 번의 반란, 일곱 번의 전염병, 다섯 번의 가뭄을 극복해낸 철저한 현장중심의 실천적 행정가이자 경세가였다. 40여년을 재상으로 지냈으나 평생의 재산은 두어 칸짜리 오두막이 전부였다(이상은 http://www.오리서원.com/lwi01.php 에서 2018-02-13 내려받음).

조선시대 선비의 청빈·청렴·청백의 대명사로 알려진 이원익은 임진왜란이 일어난 지 3년째 되던 1594년(선조 27년) 당시 평안도 관찰사를 맡고 있었다. 그 무렵 선조는 이원익을 "재주만 있는 것이 아니라 몸가짐이 절검하고 나라를 위해 정성을 다한다"면서 위기의 나라를 극복하기 위해 매사에 극진히 임하는 인물이라고 높이 평가했다(『선조실록』 1594년(선조 27)

4월 17일). 이원익이 평안도 관찰사로 있던 당시의 실록 기사는 다음과 같다.

> 임금이 평안도 관찰사 이원익을 유임시키라고 명하였
> 다.: 사신은 논한다. 임진년 변란 때 이조판서로 평안도 순
> 찰사를 삼았다가 얼마 안 되어 평안도 관찰사로 삼았다.
> 이원익은 스스로의 몸가짐을 청렴하고 간소하게 하여 하
> 루에 먹는 음식이 몇 가지에 지나지 않았으며, 민폐를 살
> 피고 군사 대비를 철저히 했기 때문에 비록 전쟁을 겪었어
> 도 백성들의 마음이 흩어지지 않았다. 임기가 만료되어 직
> 위를 교체할 시점이었으나 임금은 이원익을 유임시켰다.
>
> —『선조실록』 1594년(선조 27) 6월 24일

이원익은 광해군이 왕위에 올라 형 임해군을 처형하려고 하자 이에 반대하여 경기도 여주로 물러가 있었고, 인목대비 폐위 문제에 강력 반대하다가 죄를 얻어 강원도 홍천으로 유배를 갔다. 인조반정 후 서인 정권은 반정에 대한 부정적 여론을 잠재우고 정국을 안정시키기 위해 남인계 인사 이원익을 영의정으로 발탁하였다. 이원익이야말로 반정에 대한 세인들의 부정적 여론을 잠재울 수 있는 높은 인격의 소유자였기 때문이다. 이원익의 졸기를 통해 선비의 일상과 일생을 가늠해볼 수 있다.

이원익은……여러 고을의 수령을 역임하였는데 치적이

제일 훌륭하다고 일컬어졌고, 관서지방에 두 번 부임했는데 서도(평안도) 백성들이 공경하고 애모하여 사당을 세우고 제사를 지냈다. 선조 때 내직으로 들어와 재상이 되었지만 얼마 안 되어 면직되었고 광해군 초기에 다시 재상이 되었으나 정사가 어지러운 것을 보고 사직하여 여주에 물러가 있었으므로 임해군－영창대군의 옥사에 모두 연관이 없었다. 적신 이이첨 등이 모후를 폐하려 하자, 이원익이 광해군에게 소장을 올려 자전께 효성을 다할 것을 청하니, 광해군이 크게 노하여 "내가 효성을 다하지 못한 일이 없는데 이원익이 어찌 감히 근거 없는 말을 지어내어 임금에게 죄를 뒤집어씌운단 말인가"라고 말하고, 마침내 홍천으로 귀양을 보냈다. 대체로 그의 명망을 중하게 여겨 심한 형벌을 가하지는 못했다. 금상이 반정을 일으키고 나서 맨 먼저 이원익을 천거하여 재상으로 삼았다.

―『인조실록』 1634년(인조 12) 1월 29일 전의정부영의정완평부원군 이원익 졸기

선조와 광해군의 시대에 재상을 역임했던 이원익은 인조의 부름을 받고 다시 조정에 나아갔다. 하지만 이원익은 광해군을 죽여야 한다는 여론이 일자 이에 반대하여 광해군을 구출하는 데 앞장섰다. 1624년(인조 2)에 논공행상에 불만을 품은 반정공신 이괄(李适, 1587~1624)이 반란을 일으키자 이원익은 80세에 가까운 나이로 왕을 공주까지 뒤따랐고, 1627년(인조 5) 정묘호란이 일어나자 이때에도 세자와 왕을 뒤따랐다. 이원익

의 정치 행적을 통해, 인품 따로 정치 따로는 없다는 것, 인품을 바탕으로 한 정치만이 선정=인정=혜정으로 이어진다는 것을 알 수 있다.

조선왕조의 개국 이래로 청백리에 선발된 자가 그리 많지 않았다. 조정에서 청백리의 자손들을 등용하라는 명령은 있었으나, 오히려 뇌물을 써서 자리를 구하는 자들이 벼슬을 차지했고 그렇지 않은 자들은 모두 초야에서 굶주리며 살아가는 형국이었다. 그런 상황에서 성호 이익(星湖 李瀷, 1681~1763)은 안산 첨성리 근처에 살았던 이원익에 관한 집단기억을 바탕으로 "우리 마을에 고관으로서 청백리로 뽑힌 이"가 있었는데,[6] "오직 청렴했기에 가난했고 가난했기에 자손이 사방으로 흩어진 데다 사사로운 방법으로 일을 도모하지 않았기에 백여 년이 지나도록 미관말직에도 참여하지 못하고 거의 다 구렁텅이

---

[6] 성호 이익이 말한 "우리 마을에 고관으로서 청백리로 뽑힌 이"는 1601년(선조 34) 10월 16일, 염근인으로 선정된 이원익을 일컫는다(『선조실록』 1601년(선조 34) 10월 16일). 그런데 당시 염근인으로 선정된 이원익은 자신은 염근인의 자격이 안 된다면서 임금에게 명단 제외를 신청하였다. 이원익은 자신에게는 전택과 노비가 없고 임진왜란[壬戈十年]을 겪은 이래 녹봉도 제대로 받지 못한 처지에 있긴 하지만, 식구들이 춥지 않게 옷 입고 굶주리지 않게 밥 먹으며 편안히 살고 있는 것은 모두가 다른 사람들이 힘들게 일한 대가[他人之物]라는 것, 그리고 자신은 살면서 한 번도 외직에 나가있던 지인들이 보내준 선물을 뿌리치지 못하고 일일이 받아 챙겼으며, 집안의 사적인 일을 남에게 요구/청탁한 일이 한두 번이 아니라는 것을 고백하면서, 이것만 가지고도 자신은 염근인의 명단에 오를 자격이 없는 존재라고 자아비판에 나섰다. 덧붙여, 이원익은 자신이 염근인에 선정된 것이 혹시 탐욕[貪饕]을 드러내지 않았다는 이유 때문이라면 조정의 모든 신하들이 염근인에 선정되어야 마땅하다는 점도 분명히 하였다. 결코 청렴하다고 말할 수 없는 자신이 이처럼 염근인 명단에 오른다면 다른 신하들에게 청렴을 권면할 수 있는 가르침의 효과를 갖지 못할 것이라는 점을 분명히 한 것이다(『오리집』, 권2, 「사피선염근차[십일월영중추시]」).

에 빠진 처지"가 되었다고 지적하였다. 반면 고관을 지낸 자들의 일반적인 삶의 행태란 "가혹한 수단으로 재물을 거두어들여 좋은 전답과 저택을 마련하고, 기세를 올리고 이름을 날리며 친구를 널리 사귀어 세상의 여론을 좌우하고 높은 벼슬에 올라 후한 녹봉을 받는 자"들이었다. 이원익처럼 청백리로 사는 것은 어쩌면 당연한 일이었음에도 그가 존경과 찬사의 대상이 될 수밖에 없었던 것은 그만큼 청빈한 삶을 살았던 선비를 만나기가 쉽지 않았음을 말해준다(『성호사설』, 권11, 「염탐」). 『인조실록』의 이원익의 졸기에는 "이원익이 늙어서 직무를 맡을 수 없게 되자 바로 벼슬을 그만두고 금천(衿川=始興)에 돌아가 비바람도 가리지 못하는 몇 칸의 초가집에 살면서 떨어진 갓에 베옷을 입고 쓸쓸히 혼자 지냈으므로 보는 이들이 그가 재상인 줄 알지 못했다"고 한 기록을 참고할만하다(『인조실록』 1634년(인조 12) 1월 29일 전의정부영의정완평부원군이원익졸기).

이원익은 선조·광해군·인조의 시대에 걸쳐 40여 년간 이조판서, 평안도 관찰사, 좌의정, 우의정, 영의정 등을 역임했고 완평부원군에 봉해졌다. 이원익은 영의정을 다섯 차례나 역임했으나 퇴임 후에는 두어 칸 오막살이에 끼닛거리조차 없었다. 인조가 승지 강홍중을 보내 알아보도록 한 결과 그는 비바람이 새는 퇴락한 집에서 곤궁하게 살아가고 있었다. 이에 인조는 관찰사에게 정당(正堂)을 짓도록 명하고 이를 이원익에게 하사하였다. 이원익은 극구 사양했지만 임금은 이원익의 근검정

<사진 2> 이원익의 관감당

신을 기리고 모든 신민이 이를 보고 느끼도록 하기 위해 취한
조치였다(『오리집』, 속집부록권1, 「연보」). 1631년(인조 9) 1월 관
감당(觀感堂)[7]은 이렇게 해서 탄생하였다. 이익은 이원익을 청
백리로 높이 평가하는 한편 그와 대비되는 잘못 돌아가는 현

---

[7] 정조는 1797년(정조 21) 장릉(章陵)에 행차할 때 어가가 지나가는 10개 고을 유생들을 대상
으로 과거시험을 치르고 답안지[應製試券]를 채점하여 순위별로 시상하였다. 이때 10개 고
을 중의 한 곳이 바로 이원익의 관감당이 있는 시흥지역이었다. 당시 시흥을 배경으로 한
출제는 부제(賦題)-시제(詩題)-명제(銘題)로 이루어졌는데 "산과 강의 기운이 저절로 좋으
니[山川氣自好] 백성의 기운이 한껏 창성하다[民物運方昌]"로 시흥의 부제를, "밤에 시흥현
에 이르러[夜抵始興縣] 큰 별이 인가에 떨어지는 것을 보고 가서 살펴보다[見大星降人家往視
之]"로 시흥의 시제를, 그리고 '관감정(觀感亭)'으로 시흥의 명제를 삼았다. 정조가 명제로
출제한 관감정은 관감당을 일컫는 것으로 이는 이원익이 노후를 보낸 시흥에 있는 집의 이
름이다. 인조는 1631년(인조 9)에 벼슬에서 물러난 이원익이 비바람이 들이치는 퇴락한 집
에서 끼니걱정을 하며 지낸다는 말을 듣고 그의 청빈의 삶을 신민이 "보고 느껴야 한다[觀
感]"는 의미에서 관감당이라는 집을 하사하였다. 1694년(숙종 20)에 자손들이 그 집터에
사당을 세웠다(『일성록』 1797년(정조 21) 9월 12일).

실에 대해 "세상에 뇌물 먹은 관리[贓吏]에 대한 법이 엄중하지만 대소 관원들의 집이 다 화려하고 노비마저 다 살쪘음에도 한 명도 법에 걸려 죽은 자가 없다"면서 법망에서 벗어난 자가 너무 많다고 한탄하였다(『성호사설』, 권11, 「염탐」). 선비와 청빈, 이 당연한 연계는 어쩌면 관념과 상상, 이론의 영역에서나 가능한 얘기인지 모르겠다. 조선왕조 500년, 선비를 길러낸 나라에서 선비의 청빈을 목도하기 어려웠다는 것, 이야말로 선비와 청빈을 주제로 한 고민과 성찰이 필요한 까닭이기도 하다.

이원익은 실무능력을 갖춘 데다 청렴하기까지 한 인물이었다. 혜강 최한기(惠岡 崔漢綺, 1803~1877)가 '무능한 청백리'의 개념을 상정하고 그 정치사회적 한계를 우려했던 것을 생각하면 이원익처럼 행정실무능력을 갖춘 청백리야말로 선비의 이상이라고 말할 수 있다. 이원익의 가계가 종실 가문[그의 고조가 태종의 아들인 익녕군]이었던 것이 한 몫 했겠지만, 선조-광해군-인조 삼대에 걸쳐 영의정만 다섯 번, 40여 년간 재상으로 지내면서도 노년에 가진 것은 비새는 초가집 한 채뿐이었다. 이원익이 85세 되던 해, 1631년(인조 9) 1월 11일의 실록 기사는 다음과 같다.

인조: "그의 기력은 어떠하고 살고 있는 집은 또 어떠한지 내가 자세히 알고 싶으니 일일이 서면 보고하라."

승지: "이원익은 이미 극도로 쇠약해져 기력이 하나도 없기 때문에 돌아앉거나 누울 때에도 꼭 사람이 부축해 주어야 했습니다. 그리고 살고 있는 집도 몇 칸 초가집에 불과하여 바람과 비를 가리지 못하였습니다. 대대로 선영 아래에서 살아오면서도 한 두락의 밭이나 두어 명의 노비도 없이 그저 온 식구가 월급[月俸]으로 겨우 입에 풀칠한다고 하였습니다."

인조: "정승을 40년이나 지냈는데 몇 칸 초가집에 살며 바람과 비도 가리지 못한다니, 그의 청백한 삶이야말로 옛날에 없던 일이다. 내가 평소 그를 경모했던 것은 그의 공덕 때문만이 아니다. 이공의 맑고 검소함[淸簡]을 여러 관료들이 본받는다면 백성이 곤궁하게 될까 걱정할 것이 뭐가 있겠는가. 그의 검소한 덕행[儉德]은 또한 높이 표창하여 드러내지 않을 수 없다."

—『인조실록』 1631년(인조 9) 1월 11일

이원익은 임진왜란(이조판서), 인조반정(영의정), 정묘호란(영중추부사) 등과 같은 조선 중기의 중요한 사건을 모두 겪었다. 조세제도의 폐단을 없애기 위해 대동법을 주창했고, 어려운 국사를 원만하고 합리적으로 처리해 존경을 받았다. 1631년(인조 9) 4월 5일, 인조는 경희궁 흥정당에서 이원익을 접견하였다. 85세의 나이, 제대로 걷지도 못하는 나이였음에도 이원익은 이 자리에서 수령은 씀씀이를 절약하여 백성을 보호하도록 할 것과 임금은 큰 요체를 총괄하고 세세한 것은 신하에게 위임하여 성과를 거두도록 할 것을 건의하였다. 인조가 병력강화책과 대사를 맡길만한 인물에 대해 묻자, 이원익은 이순신의 마지막 장면―"나의 죽음을 알리지 말라[愼勿發喪]"는 말을 거론하면서 어떤 방책을 적용할 것이며 어떤 인물을 기용할 것인지에 대한 견해를 피력하였다(『승정원일기』 1631년(인조 9) 4월 5일; 『오리집』, 별집권2, 「영부사시인견주사」).

이원익이 나라를 위해 이순신과 같은 충정어린 신하를 기용해야 한다고 추천한 데는 그만한 정치·군사적 배경이 있다. 이원익은 임진왜란으로 사도(강원·충청·경상·전라) 도체찰사로 재직하던 시기(1595~98)에 이순신과 가까이 지냈으며, 도체찰사 자격으로 한산도 통제영을 순시했을 때에는 이순신의 부탁으로 잔치를 베풀어 군사들의 사기를 높여준 일도 있다. 하지만 "이겨놓고 싸운다"는 전법을 구사했던 이순신을 국왕 선조와 여러 대신들은 "교활하다"거나 "게으르다"며 미워했다. 결국 선조가 이순신을 파직했을 때 이원익은 두 번의 상소를 통해 이순신을 적극 변호했다. 이순신이 통제사로 복직되어 13척의 배로 적선 133척을 격파한 명량대첩 후 "이것은 나의 힘이 아니고 상국(相國: 이원익)의 힘이었다"고 할 정도로 이원익은 이순신의 든든한 후원자이기도 했다(김영호, 2016).

이원익은 오랫동안 벼슬살이하며 많은 업적을 남겼으면서도 두어 칸짜리 허름한 초가집에서 살았고, 벼슬에서 물러난 후에는 끼닛거리조차 없을 정도로 청빈했다. 그런 이원익을 인조가 나라의 최고 원로대신, 큰 어른을 극진히 예우하는 뜻으로 대로(大老)라고 일컬은 것은 그리 어색하지 않은 장면이다 (『인조실록』 1629년(인조 7) 3월 3일). 대로는 단순히 나이가 제일 많은 사람과는 거의 공통점이 없다. 대로는 도덕적으로 만인의 귀감이 되고, 시국을 꿰뚫어보는 혜안과 세상을 바르게 이끌 수 있는 경륜을 지닌 사람을 지칭한다. 인조는 집권 후 남인이지만 백성의 신망이 두터운 이원익을 기용함으로써 반정에 대한 부정적 여론을 잠재우고, 반정 초기의 정국을 안정시킬 수 있었다(조순희, 2014).

이시언과 이원익을 표상할 때 등장하는 대로라는 말 역시 시간의 법정으로부터 자유롭지 못했던 선비의 앎과 삶의 세계를 형용하는 말임을 알 수 있다. 만약 그 말의 무게를 아랑곳하지 않고 누군가를 추앙하듯 대로라는 말을 남발한다면 그것은 대로의 본뜻을 벗어난 것이라고 볼 수밖에 없다. 대로라는 말은 효종~숙종 연간에 노론의 당수로 활약했던 송시열 이후로는 특정 정파의 지도자를 가리키는 것으로 말값이 크게 저락했다. 당쟁이 격화됨에 따라 정치세력 간의 공조나 연대는 사라졌고, 국정은 편파적·독선적으로 운영되었다. 그 때에 송시열은 대로로 한 세상의 추앙을 받았을 뿐 아니라, 사후에도 노론의 사상적 지주로서 오랫동안 막강한 영향력을 유지하였다. 조정의 공식 석상이나 상소문에서는 송시열을 지칭할 때 그의 이름 대신 대로라고 부르는 것이 관행이었다. 국왕 앞에서는 자기 아버지의 이름도 그대로 불러야 했던 점을 감안하면 이는 매우 이례적인 일이었다(조순희, 2014).

정조는 즉위한 지 얼마 지나지 않아 효종이 송시열에게 보낸 밀찰(모사본)을 열람한 후 효종과 송시열의 관계를 물과 물고기의 만남[魚水之契]에 비유하면서 그 자신도 송시열과 함께하지 못한 것이 한스럽다고 밝힌 바 있다(『홍재전서』, 권54, 「효묘어찰발」). 이후로 대로는 송시열의 또 다른 명칭처럼 굳어졌으며, 정조는 노론의 지지를 얻기 위해 송시열의 사당에 대로사(大老祠)라는 편액을 내리기까지 하였다(『정조실록』 1785년(정조 9) 9월 5일; 『일성록』 1785년(정조 9) 9월 5일). 노론은 자신들의 정당성을 인정받기 위해 정조의 송시열에 대한 추숭작업을 특별히 기억하고자 했다. 아울러 정조가 즉위 직후에 윤선거-윤증 부자의 관작을 추탈하고 사액을 훼철했다는 사실도 부각시켰다. 하지만 그들은 정조가 윤선거 부자의 관작을 추탈(1776)한 것만을 기억하고자 했을 뿐 정조가 윤선거 부자의 관작을 회복(1782)시켜준 일은 기억하지 않았다(노대환, 2016). 대로의 의미가 누군가의 삶을 그대로 표상하는 말이 아니라 정치적 방편으로 활용되었다는 것은 씁쓸한 장면이 아닐 수 없다.

4장 선비, 수기치인학, 그리고 청빈 — 송순, 박수량, 최진립, 유정원

1. 송순, 그의 이상한 가난

선조는 "부자가 된 후에 선을 행한다[富而後爲善]"는 말이 이치에 맞지 않은 말 같다면서, 이 말의 출처가 어디인지를 신하들에게 물은 적이 있다. 이에 대해 김첨경은 『맹자』의 "항산이 없으면[無恒産] 항심이 없다[無恒心]"는 말을 전거로 들었다(『맹자』, 권1, 「양혜왕장구상」). 하지만 김첨경의 답변은 맹자의 본의를 제대로 짚어내지 못한 것이었다. 맹자의 취지는 백성을 기르는 방법에 관한 것이었으며, 사대부가 자처하는 도리에 관해한 말이 아니었기 때문이다(『선조실록』 1580년(선조 13) 5월 26일). 유교의 수양·공부론에 입각하여 말하자면 "부자가 된 후에 선을 행한다"는 말은 선비의 입에서 감히 나올 수 없는 말이다. 선비가 자신의 재물·재산을 늘리고자 하면서 항산을 입에 담는 것은 맹자사상을 전면 오독한 것이다.

정약용은 『논어』와 『맹자』에 등장하는 악인의 대명사 양호(陽虎=陽貨, ?~?)가 했던 "부를 추구하면 인을 얻지 못하고 인을 행하면 부를 추구하지 못한다"는 말을 대악인의 대악언(大惡人之大惡言)이라고 비판한 바 있다(『여유당전서』, 시문집권 14, 「심경질서발」). 이는 "부자가 된 후에 선을 행한다"는 말과 같이 유교적 수양·공부론의 본연을 벗어난 말이라고 보았기 때문이다. 정약용은 성인이라면 양호처럼 말하지 않고 "해로울 것이 없다. 이것도 인을 행하는 방법이다"라거나 "그가 부를 내세우면 나는 인을 내세운다"고 말했을 것이라면서, 이것이 바로 대군자의 대선언(大君子之大善言)에 해당한다고 해석하였다.

조선시대의 선비들은 대체로 청빈의 삶을 지향했지만, 그들의 생계가 일반 백성들의 가난한 삶과 동일한 형편과 지평을 갖는 것은 아니었다. 그들에게는 물려받은 노비가 있었고, 그들의 재산과 노비는 자식들에게 대물림되었다. 다만 욕심 밖의, 필요 이상의 토지나 별장을 두지 않은 것으로도 선비의 청빈을 거론하는 대상이 될 수 있었다. 선비의 사회·경제적 조건을 감안할 때 선비의 절대적 가난이라는 말은 성립하기 어려울 것이다. 가난의 속성을 절대적 가난으로 상정하는 순간, 그동안의 선비들이 보여준 삶 속의 가난은 모두가 가난인 듯 가난 아닌 그런 이상한 가난이 되고 말 것이다.

조선시대 문학사에서 청빈의 삶을 낭만의 필치로 그려낸 인물들을 많이 만날 수

<사진 3> 면앙정 현판

있다. 그 중에서 대표적인 인물로 명종—선조 때의 문신 면앙정 송순(俛仰亭 宋純, 1493~1583)을 들 수 있다. 송순은 자신의 이름만큼이나 유명했던 정자— 면앙정에 대해 다음과 같이 노래했다.

십년을 경영하여 초려삼간 지어내니
나 한 칸, 명월 한 칸, 청풍 한 칸 세월 속에 맡겨두고
강산은 들일 데 없으니 둘러두고 보리라.
―『면앙집』, 권4, 「면앙정잡가이편」

굽어보면 땅이요 우러르면 하늘이라.
그 가운데 정자 서니 흥취가 호연하네.
바람과 달을 불러들이고 산천을 끌어들여
청려장을 짚으면서 한평생을 누리리라.
―『면앙집』, 권3, 「면앙정가[삼언]」

위의 시가는 한 가난한 선비, 송순이 십년을 애써서 세 칸짜리 누정을 마련한 후 자신과 달, 청풍이 한 칸씩을 차지하고 나니 강산은 들일 방이 없어 자연 그대로 둘러 두고 보겠다는, 그야말로 자연과 하나 되는 삶의 경지, 청빈의 삶에 준하는 시심을 담아낸 것이다. 이를 안빈낙도의 삶이라 표상할 수 있겠다. 송순뿐만 아니라 조선시대의 많은 사대부들이 이러한 삶을 구가하였다.

하지만 송순의 삶은 실제로 안빈낙도와는 거리가 멀었다는 지적도 있다. 송순의 청빈을 가난 같지 않은 가난으로 보는 근거는 그가 80세 되던 해[1572]에 자녀(8남매)에게 남긴 자필 <분재기>이다. 송순의 <분재기>를 보면 그는 장녀에게 노비 41명과 전답 153두락을, 며느리(차남의 부인)에게 노비 40명과 전답 142두락과 면앙정, 주변 죽림 등을 상속해 주는 등 8명의 자녀에게 약 2천섬을 나누어 주었다(이덕일, 1997: 447-448). 이런 그가 면앙정과 관련하여 십년을 경영하여 초려삼간을 지어냈다는 얘기는 안빈낙도의 본의와 배치되는 허위일 수밖에 없다는 지적이다.

이덕일(1997: 448)은 송순의 안빈낙도를 대지주의 초가삼간 예찬론이라고 규정하고 "자신이 소유한 고래등 같은 기와집, 경치 좋은 명승지에 지은 정자, 끝없이 펼쳐진 논밭, 자신의 논밭에 달라붙어 개미처럼 일하는 수많은 자신의 전호들과 노비들의 모습은 애써 외면한 채 자신은 십년을 노력해야 초가삼간을 지을 수 있는 청빈한 선비라는 공상 속에서 이 시조를 읊은 것이다"면서 "그야말로 자기 모순의 극치이자 자기 기만의 극치라 하지 않을 수 없다"고 지적하였다. 하지만 조선시대의 선비들이 습관적으로 안빈낙도를 내세운다는 전체적인 지적은 동의하더라도, 송순에 대해 대지주의 초가삼간 예찬론자라고 규정하면서 이를 자기 모순의 극치, 자기 기만의 극치라고 몰아붙이는 것은 그에 대한 정확한 독해에 의한 것인지를 들여다볼 필요가 있다. 이를 위해 면앙정이라는 점경(點景)이 송순이라는 전경(全景)을 해석하는 과정에서 어떤 의미 맥락을 갖는지를 살피고자 한다.

어느 날 송순은 기대승에게 면앙정의 기문을 요청하는 글을 보낸 바 있다. 기대승은 송순의 요청에 따라 <면앙정기>를 남겼다. 기대승의 <면앙정기>에는 송순이 기대승에게 일러준 면앙정이 세워지기까지의 어렵고 힘든 과정이 제시되어 있다. 이를 통해 송순이 "십년을 경영하여[經營兮十年] 초려삼간 지어내니[作草堂兮三間]"라고 읊었던 저간의 사정을 제대로 파악할 수 있다.

내가 갑신년(1524, 중종 19)에 돈을 주고 이곳을 샀더니, 동네 사람들이 다투어 와서 서로 축하하기를 "이 기이하고 아름다운 땅을 공이 마침내 얻었으니, 이것은 아마도 곽씨(원래의 땅 주인)의 꿈이 조짐이 된 것일 것이다"고 하였다네. 나 역시 이 산수의 아름다움을 사랑하였으나 관직에 얽매여 조정에 있었기에 감히 몸을 이끌고 물러나지 못하였다네. 그 후 계사년(1533, 중종 28)에 관직에서 물러나 시골로 돌아와서 비로소 초정(草亭)을 엮어 바람과 비를 가리고는 5년 동안 한가로이 놀았네. 그러다가 곧바로 다시 버리고 가니, 이 정자는 비바람을 맞음을 면치 못하였고 다만 나무 그늘이 너울거리고 풀과 쑥대가 무성할 뿐이었네. 경술년(1550, 명종 5)에 나는 관서지방으로 귀양을 갔는데, 두렵고도 군색한 처지에 온갖 일을 괘념치 않았으나 다만 정자를 수리하여 그곳에서 늙지 못함을 한으로 여겼다네. 신해년(1551, 명종 6)에 임금의 은혜를 입고 귀양에서 방면되어 돌아오니, 옛날 소원을 다소 이룰 수 있었으나 재력이 부족하여 계책을 세울 수 없었다네. 하루는 담양부사 오겸(吳謙, 1496~1582)이 찾아와서 이곳에 함께 올라와 보더니 나에게 정자를 이룰 것을 권했으며 재정 지원까지 약속하였네. 마침내 다음 해인 임자년(1552, 명종 7) 봄에 공사를 시작하여 몇 달이 채 못 되어서 완공되었네. 집이 대강 완성되자 숲이 더욱 무성하였네. 나는 이곳에 한가로이 노닐며 굽어보고 우러러보아 여생을 보내게 되었으니, 나의 평소 소원이 이제야 이루어진 셈이네. 내 이곳을 점거한 지가 지금 30여 년이 지났는데, 인사의 득실은 참으로 말하기 어려우나 정자가 폐지되었다가 다시 일어난 것은 또한 운수가 그 사이에 있는 듯하네.

—『고봉집』, 권2, 「면앙정기」

초려삼간을 짓기 위한 터의 매입(1524)에서 바람과 비를 가릴 수 있는 초정을 짓기(1533)까지 10년의 세월이 소요된 것에 대해 송순은 "십 년을 경영하여 초려삼간 지어내니"라고 읊었다. 10년의 세월이 걸린 것은 그가 산수의 아름다움을 사랑하였으나 조정에 묶인 몸이어서 감히 물러나지 못했기 때문이다. 따라서, 송순의 재산 규모로 볼 때, 초려삼간을 짓는 데 십 년의 세월이 걸렸다는 애기는 공상 속에서나 통하는 말이라는 지적, "나 한 칸, 명월 한 칸, 청풍 한 칸"에 "강산은 들일 데 없으니 둘러두고 보리라"는 읊조림은 그의 삶과 거리가 멀어도 너무 멀다는 비난조의 지적(이덕일, 1997: 446-448)은 당시의 사정과 곡절을 제대로 파악하지 못한 때문이라고 말할 수 있다. 송순의 특수성에 대한 이해를 통해 위의 청빈과 안빈낙도를 논할 수 있어야 한다. 송순의 가난은 경제 상황과 현실을 표상한 것이라기보다는 개인의 도덕 수양과 학문 추구라는 앎과 삶의 세계를 표상하는 의미가 강했다는 점에 유의할 필요가 있다.

면앙정의 궤적[부지 매입: 1524, 초정 짓기: 1533, 정자 완성: 1552]에 대해서는 송순을 흠모한 김인후, 고경명, 임억령, 박순 등이 면앙정에 들러 읊은 면앙정 삼십영(俛仰亭 三十詠)을 통해 확인할 수 있다(이는 『면앙집』, 권7 참조). 면앙정 삼십영은 면앙정에 올라 사방팔방을 둘러보면서 펼쳐지는 풍경 30장면을 읊은 것으로 이는 송순의 삶에 대한 당시의 평가를 단적으로 보여준다고 말할 수 있다. 송순은 이조참판 재직 당시에 항상 벼슬을 버리고 귀향하려는 생각을 품고 있었다. 이는 당시 관직에 오른 자들이 대부분 서울에 와서 벼슬아치가 된 후로는 죽을 때까지 서울을 떠나지 않았던 풍조와는 사뭇 다른 모습이었다(『성소복부고』, 권23, 「성옹식소록중」).

우리는 일반적으로 가난한 선비가 부유한 선비보다 선비의 풍모를 잘 간직할 수 있다고 믿는 경향이 있다. 하지만 조선시대의 선비들은 대체로 먹고 사는 데는 지장을 받지 않을 정도의 경제력을 지닌 자들이었다. 선비들이 일삼는 청빈이니 안빈낙도니 하는 말이 공허하게 들리는 이유는 바로 여기에 있다. 선비들이 읊조린 가난—청빈·안빈낙도는 어느 정도의 경제력을 바탕으로 삼은 것이기에, 이를 시비 걸 듯 말하자면 가난 같지 않은 가난이자 이상한 가난이 되고 말 것이다.

2. 박수량의 청빈을 기리는 방식, 백비의 수사학

전남기념물 제198호(2001. 12. 13. 지정)로 지정된, 글자 하나도 새기지 않은 박수량의 백비(白碑)는 전남 장성군 황룡면 백비길 49(황룡면 금호리 산 33-1)에 세워져있다. 아곡 박수량(莪谷 朴守良, 1491~1554)은 23세에 진사시에 입격하고 24세에 대과에 급제하여 관직에 나아갔으며 백운동서원을 세운 신재 주세붕(愼齋 周世鵬, 1495~1554)과도 교의가 두터웠던 인물이다.

효심이 깊었던 박수량은 관직에 있을 때에는 연로한 모친을 가까이에서 간병·봉양하기 위해 임금에게 고향 인근의 임지로 보내줄 것을 청하는 귀양장(歸養狀)을 자주 올렸던 사실로도 유명하다. 물론 귀양장을 올렸다고 해서 임금이 이를 다 들어주지는 않았다. 연로한 부모를 둔 신료들이 모두 이를 따라 할 것이라고 우려했기 때문이다.

박수량은 부모를 가까이에서 모시기 위해 지방고을을 임지로 요청하여 1525년(중종 20)에는 고부군수로 임명되었다. 박수량은 고부군수로 부임한 지 3년 되던 해에 부친이 세상을 떠났다. 1531년(중종 26)에는 모친 봉양을 위해 보성군수로 내려갔다. 1536년(중종 31)에는 나주목사, 1539년(중종 34)에는 다시 외직을 신청하여 담양부사로 나가 3년 가까이 모친을 봉양하였다. 1539년 당시 모친 간병·봉양을 이유로 외직을 신청했던 박수량의 귀양장을 보자.

신은 본디 초야의 한미한 유생으로서 벼슬이 2품에 이르렀습니다. 임금의 은혜가 가볍지 않거늘 어찌 털끝만큼인들 물러가고 싶은 마음이 있겠습니까. 다만 신의 어미가 나이 80이 넘었을 뿐만 아니라 병마저 들었으므로 부득이 돌아가 봉양하게 해주시기를 바랍니다. 다만 두려운 것은 임금께서 나라의 은혜는 생각하지 않고 감히 사적인 정을 내세워 물러나려 한다고 여길까 싶어 마음이 매우 불편합니다. 그러나 노모를 위해서 감히 아뢰지 않을 수 없습니다.

—『중종실록』1539년(중종 34) 1월 22일

위의 귀양장에 대해 임금은 "지금이야말로 인재는 모자라고 재상이 될 만한 사람은 정한 수가 있으니, 경의 귀양장을 올린 뜻은 정으로 볼 때 비록 간절한 것이지만 이렇듯 인재가 모자라는 때에 물러가게 하기는 어렵다. 경은 오가면서 모친을 뵙도록 하라"는 전교를 내렸다(『중종실록』1539년(중종 34) 1월 22일).

박수량은 38년 동안 관직에 있으면서도 재물을 탐하지 않고 청렴하여 집 한 칸을 마련하지 못하고 남의 집을 빌려서 살았다. 박수량의 청빈은 그의 정치 궤적을 통해서도 쉽게 확인할 수 있다. 『중종실록』1530년(중종 25) 5월 25일 기사에 의하면, 김근사(金謹思)를 대사헌에, 심언광(沈彦光)을 대사간에, 조종경(趙宗敬)을 집의에, 박수량(朴守良)을 사간에, 조인규(趙仁奎) — 심광언(沈光彦)을 장령에, 유세린(柳世麟) — 송순(宋純)을 지평에, 주세붕(周世鵬)을 헌납에, 김미(金亹) — 엄흔(嚴昕)을 정언에 제수하였다(『중종실록』1530년(중종 25) 5월 25일). 1530년(중종 25) 8월 4일 기사에 의하면, 대사간 심언광, 집의 조종경, 사간 박수량 등은 흉년 — 대한으로 이어지는 어려운 시점에서 대군들이 백성을 혹사한다는 정황을 포착하고 이를 자제토록 요청하는 상소를 올렸다. 그 요지는 "백성은 나라의 근본"이라는 것과 "근본이 한 번 흔들리면 나라가 망하지 않는 일이 거의 없다"는 것이었다.

　　백성은 나라의 근본이므로 근본이 한번 흔들리면 나라
가 망하지 않는 일이 거의 없었습니다.……진실로 백성을
보호하는 것은 곧 나라의 근본을 보호하는 것이기 때문입
니다. 지난해에는 큰 흉년이 들고 올해는 크게 가물어 백
성들의 굶주림이 이보다 심한 때가 없는데, 여러 왕자들이
집짓는 일을 한결같이 풍년든 해처럼 하고 있습니다.……
요사이 대군들의 옛집[舊第]이 좁고 낮아 살 수 없다고 하
여 이전에 지은 것을 철거하고 새 설계도[新制]에 따라 용
마루가 우뚝 솟은 집들을 동리에 잇닿도록 지어 마치 궁궐
처럼 만들었으니 외람됨이 너무 지나칩니다. 재목은 혹시
썩었다고 이유를 댈망정 아울러 돌까지 새것으로 하니, 재
목은 썩는 것이지만 돌도 역시 썩는 것이겠습니까. 그전의
재목이나 그전의 돌은 어디다 쓸 것입니까.
　　　　　　　　　　　　　　―『중종실록』 1530년(중종 25) 8월 4일

　　박수량은 염근리·청백리로 이름을 얻었다(『임하필기』, 권19,
「염근리피선인」). 박수량이 1530년(중종 25)의 사간 시절에 보여
주었던, "백성은 나라의 근본"이라며 백성과 나라를 걱정했던
상소 정치는 훗날 염근리 박수량의 정체성을 보여주는 예고편
이기도 했다. 박수량이 염근리·청백리로 뽑혔던 사실은 유교
사상의 표준을 통해 설명할 수 있다. 맹자가 말한 친친(親親)―

인민(仁民)－애물(愛物)의 정신(『맹자』, 권13, 「진심장구상」)과 입신양명(立身揚名)의 정신(『효경』, 경1장, 「금문개종명의장」)에 비추어 보면, "청백리 따로 효자 따로"라기보다는 "청백리이면서 효자, 효자이면서 청백리"가 되는 것이 존재론적으로 온당한 앎과 삶의 모습이라고 말할 수 있다. 박수량의 앎과 삶은 딱 그런 것이었다.

지중추부사 박수량이 세상을 떠나자 임금이 교지를 내렸다.: "염근인이었는데 이제 그가 죽었으니 내가 매우 슬프다. 특별히 부의를 베풀라." [박수량은 호남 사람이다. 초야에서 나와 좋은 벼슬을 두루 거쳤으며 어버이를 위하여 여러 번 지방에 보직을 청하였다. 일 처리가 매우 정밀하고 자세했으며 청백함이 더욱 세상에 드러났다. 그의 아들이 일찍이 서울에 집을 지으려 하자 그는 꾸짖기를 "나는 본래 시골 태생으로 우연히 성은을 입어 이렇게까지 되었지만 너희들이 어찌 서울에 집을 지을 수 있겠는가"라고 말하였으며 그 집도 10여 칸[十餘架]이 넘지 않도록 경계하였다.……그가 죽었을 때 집에는 저축이 조금도 없어서 처첩들이 상여를 따라 고향으로 내려갈 수가 없었으므로 대신이 임금께 청을 올려 겨우 장사를 치렀다. 비록 덕망은 없었지만 청백의 절개 한 가지는 분명히 세웠으니 세상에 모범이 될 만했다. 그러나 지나치게 청백하여 성급한 실수가 많았다. 그의 청렴은 천성에서 나온 것이지 학문의

공이 있어서가 아니었다.] 사신은 논한다. 박수량은 일을
건사하는 재능이 없었고 포용하는 국량이 작았는데, 다만
몸가짐을 청렴[淸謹]하게 하였을 뿐이다.
— 『명종실록』 1554년(명종 9) 1월 19일 지중추부사박수량졸기

평생을 청빈의 삶으로 일관했던 박수량에 대한 핵심어는 청
렴−청백−청근이었다. 대사헌 윤춘년은 조강에서 임금에게
"죽은 박수량은 청백한 사람으로 서울에서 벼슬할 때도 남의
집에 세를 들어 살았습니다"라고 말했고 임금도 이를 받아 "박
수량은 청렴[淸謹]하다는 이름이 있은 지 오래되었다"고 평가했
다(『명종실록』 1554년(명종 9) 1월 28일). 당시의 사관은 박수량과
주세붕을 비교하면서 "박수량은 단지 청렴하고 소탈한 덕이
있었을 뿐이고, 그 학문과 지향에 있어서는 주세붕이 실로 박
수량보다 나았다"고 지적한 바 있다(『명종실록』 1554년(명종 9) 7
월 25일). 박수량이 세상을 떠나고 250년이 지난 1805년, 순조
는 박수량에게 '정혜(貞惠)'라는 시호를 내렸다. 정혜라는 시호
는 "청렴결백하며 절의를 지켰다[淸白守節]"고 하여 정(貞)을,
"백성을 사랑하며 베풀기를 좋아했다[愛民好與]"고 하여 혜(惠)
를 딴 것이다(『순조실록』 1805년(순조 5) 1월 7일).

1554년(명종 9) 1월 19일, 지중추부사 박수량이 병환으
로 인해 향년 64세를 일기로 세상을 떠났다. 공의 부음을

보고하자 주상이 2일간 조회를 정지하고 1월 30일에 예관(禮官)을 보내어 제사를 지냈는데, 그 제문에 "내심에는 여유가 있었으나[有內實有餘] 밖으로는 부족한 사람처럼 행동하였도다[外似不足]. 집안에 남은 곡식이 없으니[家無餘粟] 더욱더 가상히 여기고 애석히 여기도다[益用嘉惜語]"라는 말이 있었다. 그리고 담당관에게 특별히 예를 다해 장례를 치르도록 명을 내리고 또 감사에게 공의 가문을 후히 구휼하도록 하명하였으니, 대개 경연관이 공의 청빈에 감복한 나머지 경연강의를 통해 아뢰었던 것이다. 공은 간이하고 중후하며 신중하고 치밀한데다가 예법으로 자처하여 자신의 극복이 갈수록 강하였으므로 옷을 가누지 못하는 것처럼 겸손하였다. 글에 재주가 있었으나 드러내지 않았고 술은 정해진 양이 없었으나 엄히 자제하여 혼란에 이르지 않았다. 사람과 사귈 때 지나치게 친절을 베풀지 않았고 향리에 있을 때 근신하여 항상 만족할 때 그치는 것으로 경계를 삼았다.……행실이 완성되어 정사가 닦아졌고 외직으로 옮겨 다스리자 가는 곳마다 직책이 수행되지 않은 바가 없었으며, 의리에 벗어난 일은 사람들이 감히 털끝만큼도 범하지 않았는가 하면 조정에 나가 38년 간 벼슬하여 지위가 재상에 이르렀으나 조그만 저택[數椽之宅]도 없었다.……하늘의 재앙이나 변방의 경보가 있을 경우에는 항상 걱정하였다. 일찍이 자제들에게 말하기를 "내가 초야의 출신으로[我自草澤] 외람되게 판서의 반열에 올랐으니[濫陞入命], 영광이 분수에 넘쳤다[榮幸踰分]. 내가 죽거든[我死]

절대 시호를 청하거나 묘비를 세우지 말라[愼勿爲請諡立碑]”
고 하였다.

―『하서집』, 권2, 「자헌대부의정부우참찬박공묘지명」

　김인후는 박수량이 담양부사 재직 시에 어머니가 이질을 앓
아 위독하자 몸소 약을 달이느라 수십일 간 허리띠를 풀지 않
았고, 대변이 단지 쓴지 맛보아가며 약을 써서 병환이 나았다
는 사실을 전한다. 박수량의 효심이 그만큼 깊었다는 것을 형
용한 것이다. 유교적 효도의 맥락, 입신양명의 원리에 비추어
보자면 효심 따로 청빈 따로를 말할 수가 없다. 선비로서 진정
청빈의 삶을 보인다는 것, 이는 입신양명의 차원에서 효도의
완성을 의미하는 것이기 때문이다. 박수량이 ‘남쪽 선비의 으
뜸[南士之良也]’이라는 칭송을 받은 데는 그만한 공부와 수양이
뒷받침되었다는 것을 알 수 있다(『명종실록』 1554년(명종 9) 1월
28일). 세상 선비들이 모두 박수량같은 마음가짐과 삶의 태세
를 취한 것은 아니었기에 그의 행적은 큰 울림을 남긴다.
　박수량은 고위 관직을 지냈으면서도 그가 세상을 떠났을 때
는 서울에서 고향으로 운구할 비용조차 마련하지 못했다. 이
를 알게 된 임금 명종은 장례비용을 나라에서 부담하도록 하
였다. 그런데 명종의 박수량에 대한 관심과 지원은 여기에 그
치지 않았다는 전언들이 언젠가부터 유포되었다. 명종은 박수
량이 세상을 떠나자 서해안의 빗돌을 구해 전달하면서 비문

없는 비를 세우라는 명을 내렸다는 얘기(백비 하사설)와 함께, 박수량의 청빈을 기리기 위해 99칸 청백당을 지어주었으나 정유재란 때에 소실되었다는 얘기(99칸 청백당 하사설)가 전해오고 있다. 전남 장성에 있는 청백한옥체험관의 일부 전시기록은 다음과 같다.

백비

박수량의 청백을 알면서 빗돌에다 새삼스럽게
그가 청백했던 생활상을 쓴다는 것은
오히려 그의 청렴을 잘못 아는 결과가
될지 모르니 비문 없이 그대로 세우라.
- 명종임금 -

청백당

지금의 장관급인 한성판윤, 호조판서 등을 역임하며 39년간 공직생활을 하면서도 장성군 황룡면 아치실 생가에 끼니때 굴뚝에 연기가 피어오르지 않고, 집이 낡아 비가 샘을 알고 명종이 크게 탄복하여 아곡리 하남골에 99칸 청백당(淸白堂)을 하사함. 청백당은 정유재란 때 소실되어 현재는 판액만 문중에 보관 중에 있으며, 장성군 황룡면 아곡리에 청백한옥체험관으로 복원됨.

오늘날 박수량의 선비정신과 그의 청빈을 표상하는 실물로

<사진 4> 박수량의 백비

백비와 청백당을 들 수 있다. 백비와 청백당을 앞세운 청백한
옥체험관은 선비의 청빈을 체험하기에 소중한 공간이기도 하
다. 하지만 박수량의 청빈을 강조하는 과정에서 등장한 명종의
백비 하사설과 99칸 청백당 하사설은 역사 기록을 통해 입증
하기 어렵다(이에 관해서는 https://ko.wikipedia.org/wiki/의 박수량—
"청백리 왜곡" 참조). 조선시대 어느 기록에도 임금이 청백리의
죽음에 백비를 하사했다거나 99칸이나 되는 고래등 같이 큰
기와집을 청백리의 집안에 하사했다는 말은 나오지 않는다. 정
작 주목할 사실은, 1786년(정조 10) 박수량의 7대손 박승혁(朴承
爀)이 박수량의 시호를 내려줄 것을 거듭 건의했으나 뜻이 좌
절되자 이를 포기하지 않고 재차 호소한 일을 두고 예조에서
는 "참으로 매우 무엄한 일[誠甚屑越]"이라고 타박했다는 점이

다(『일성록』1786년(정조 10) 2월 26일, 9월 7일). 이 역사적 해프닝은 백비 하사설이나 청백당 하사설과 어울리는 관계에 있지 않다. 중요한 것은 백비-청백당 하사 여부와 상관없이 박수량의 선비정신과 청빈의 삶은 그 빛을 충분히 발하고 있다는 사실이다. 박수량에게는 1805년(순조 5)에야 '정혜(貞惠)'라는 시호가 내려졌다(『순조실록』1805년(순조 5) 1월 7일). 1887년(고종 24)에는 연재 송병선(淵齋 宋秉璿, 1836~1905)의 글과 면암 최익현(勉菴 崔益鉉, 1833~1906)의 글씨를 받아 묘역 아래에 박수량의 신도비를 세웠다.

3. 최진립의 인격: 충렬과 청렴

잠와 최진립(潛窩 崔震立, 1568~1636)은 병자호란 때에 용인 험천(險川: 지금의 경기도 용인시 수지구 동천리 머내)의 전투에서 전사했던 무신으로 알려져 있다. 최진립은 무과에 급제하기 전인 20대 초반에 이미 가문의 내림인 무관직을 역임하고 있었다. 최진립이 1583년(선조 16)에 군자감봉사(軍資監奉事)라는 명예직 임명장을 받은 것은 선대로부터 이어진 경제력을 바탕으로 국가에 곡식을 납부한 것에 대한 반대급부였다(안승준, 2005).

최진립은 1592년(선조 25) 임진왜란이 일어나자 즉시 발분하여 동생 육의당 최계종(六宜堂 崔繼宗, 1570~1647)과 함께 의병을 일으켰다. 1594년(선조 27)에 무과에 급제하였는데, 이때의 최진립에 대한 기록은 "1594년 무과에 급제하여 부장을 제수받았으나 사직하였다"고만 되어있다. 1597년(선조 30) 정유재란 때에는 적장 가토 기요마사가 울산 서생포에 보루를 쌓고 왜군을 풀어 사방을 노략질하여 주변의 십여 고을이 모두 피해를 입었다. 당시 병권을 맡은 장수는 왜적의 집결지 근처에도 접근하지 못하였다. 이때 울산부사가 최진립에게 격문을 보내 서생포를 공격하도록 하자, 최진립은 결사대 수백명을 이끌고 서생포의 왜적 일단을 유인하여 소탕하였다(『용주유고』, 권15, 「공조참판정무최공묘갈명」). 1598년(선조 31)에 조정에서 최진립을 선무공신(宣武功臣)에 책록하고 원종공신(原從功臣)에 녹훈하였다. 이처럼 임진왜란－정유재란은 최씨집안의 무신가문으로서의 위상을 한 차원 높이는 계기가 되었다(안승준, 2005).

최진립은 1614년(광해군 6)에 경원부사, 1624년(인조 2)에 경흥부사를 역임하였다. 인조가 최진립을 염두에 두고 "북쪽 변경 지역은 아득히 멀어 백성들이 교화[沾化]를 입지 못하니, 그곳 수령은 마땅히 청렴한 관리로 선발해야 한다"고 하자, 좌의정과 우의정이 번갈아 대답하기를 "경흥부사 최진립은 나이가 80(*60의 오기: 필자주)에 가까우나 청렴결백하게 직무를 수행하여 변절한 적이 없습니다"라고 하였다(『용주유고』, 권15, 「공조참판정무최공묘갈명」). 최진립은 경흥부사에 이어 공조참판에 임명받자 자신은 무관임을 내세워 부임하지 않았다. 『인조실록』

에는 이 장면을 "공조참판 최진립이 소장을 올려 사직하였으나,
임금이 허락하지 않았다. 최진립은 무인으로서 몸가짐이 청
렴·근면했기 때문에 이 직을 제수한 것이다"라고 하였다(『인조
실록』 1630년(인조 8) 9월 1일).

1630년(인조 8) 최진립은 경기수사(京畿水使)에 제수되었다. 인
조는 최진립에게 "경기수사에 경을 얻었으니 나는 걱정할 것
이 없다"고 하였다. 임기를 마칠 무렵 강화도 교동(喬桐)의 백
성들이 도성으로 달려와 수사의 유임을 청하자 인조는 최진립
을 유임시키고 삼도통어사(三道統禦使)를 겸하게 하였다. 최진립
이 글을 올려 사양하자 인조는 "나는 재물을 탐하는 사람에게
맡기지 않고 오직 청렴하고 근면한 사람만 서용한다"는 말로
그를 붙잡았다(『용주유고』, 권15, 「공조참판정무최공묘갈명」). 최
진립이 경기수사로 있을 때에 임금 인조와 주고받은 대화는
자못 인상적이다.

인조: "지난해 교동(喬桐)은 가뭄의 피해가 가장 혹독하
였는데, 게다가 이괄의 난[西征] 때에 다른 고을보다 병사
를 두 배나 뽑았기 때문에 백성들이 지금 너무나도 지쳐
있을 것이다. 그러나 경처럼 청렴한 사람이 내려가게 되었
으므로 백성들이 반드시 소생하게 될 것이다. 요즘 들어
해적은 없다 하더라도 중국 배들로 인한 근심[唐船之患]은
또한 염려하지 않을 수 없다. 더구나 고을은 지금 수사가

태수의 일까지 겸하고 있으니 군사와 백성을 다스리는 일에 어찌 조금이라도 소홀히 할 수 있겠는가."

최진립: "이 고을은 사면에 배를 둘 곳[藏船之處]이 없고 병사도 너무 적습니다. 만일 전원을 동원하여 배를 지키게 하면 백성들이 농사를 지을 수 없을 것이고, 그렇다고 맡은 장소를 지키지 않게 되면 배는 쓸모없는 물건이 되고 말 것입니다. 따라서 신의 생각에는 포구를 파서 배 둘 곳을 만들었으면 하는데, 다만 백성들의 힘이 지나치게 소비될까 염려됩니다."

인조: "고을 백성들이 지금 너무도 지쳐 있으니, 포구를 파는 역사[鑿浦之役]를 가볍게 언급해서는 안 된다. 경이 형세를 살펴 일을 잘 처리하도록 하라."

—『인조실록』1631년(인조 9) 1월 17일

최진립은 1634년(인조 12) 전라수사를 거쳐서 1636년(인조 14) 공주영장으로 자리를 옮겼다. 이때 병자호란이 일어나자 충청감사 정세규를 따라 참전하여 용인 험천에서 청군과 끝까지 싸우다 전사하였다. 최진립은 정세규로부터 나이가 70을 넘어 전쟁에 적합하지 않다는 지적을 받았으나 고심 끝에 나라의 은혜에 보답한다는 일념으로 참전하였다. 당시의 상황에 대해 최진립은 "내가 연로하여 전쟁에 나서기에 적합하지 않다고 하는데 이것은 매우 옳은 말이라 나로서는 감히 말하지 못하였으나 나라의 은혜를 매우 두텁게 입었으니 한번 죽어서 은

혜에 보답하는 것은 내가 비록 늙었으나 어찌 다른 사람에 뒤
지겠는가"라고 했다(『승정원일기』 1637년(인조 15) 6월 20일).

험천은 남한산성과는 거리가 30리도 안 되는 지점이었다.
최진립은 몸에 수십 군데 상처를 입고서도 한 치도 물러서지
않고 싸우다 죽었다. 최진립은 험천 전투 당시 꼿꼿하게 서서
활을 쏘았고 이에 빗나간 화살이 없었다. 화살이 다 떨어지자
따르는 사람들을 돌아보며 말하기를 "너희들은 반드시 나를
따를 것이 없다. 나는 여기서 한 발짝도 떠나지 않고 죽을 것
이니, 너희들은 이 자리를 표시하여 두라"고 하였다. 전투가
끝난 후의 상황에 대해서는 "여러 아들이 그곳에서 최진립의
시신을 찾았는데, 온 몸에 화살을 맞아 고슴도치[蝟]와 같았으
나, 얼굴은 살아 있는 것 같았다"고 하였다(『연려실기술』, 권29,
「인조조명신최진립」).

최진립의 앎과 삶, 충렬과 청렴에 대해 『용주유고』에서는
"공이 타고난 것은 충렬(忠烈)이고 청렴[潔廉]은 그 나머지일 뿐
이다"고 하였다(『용주유고』, 권15, 「공조참판정무최공묘갈명」). 최
진립은 험천 전투에서 자신의 목숨을 홍모처럼 여기면서 절의
를 지킬 수 있었다. 이를 기려 최진립에게는 정무(貞武)라는 시
호를 내렸다. 최진립에 대한 여러 평가가 있지만 대표적인 경
우로는 "병자년의 호란에 절의를 세운 자로는 최진립이 제일
이다"는 평가를 들 수 있다(『용주유고』, 권15, 「공조참판정무최공
묘갈명」). 최진립은 1637년(인조 15)에 병조판서에 추증되고,

1647년(인조 25)에 청백리에 선정되었다. 경상도 경주의 숭렬사(崇烈祠), 함경도 경원의 충렬사(忠烈祠)에 제향되었다. 잠곡 김육(潛谷 金堉, 1580~1658)은 최진립의 충렬과 청렴을 포상하고 증직하는 문제에 대해 다음과 같이 의견을 올렸다.

신은 견문이 고루하여 그 당시 여러 사람들의 선과 악에 대하여 많이 듣거나 알지는 못하지만, 최진립의 청백이 다른 사람보다 뛰어난 것에 대해서는 일찍이 들었습니다. 그러나 1636년(인조 14)에 국가의 어려움에 달려가 죽은 크나큰 절개에 이르러서는 오히려 상세하게 들어보지 못하였습니다.……그의 청풍같이 맑은 크나큰 절개를 사람들로 하여금 듣게 한다면, 참으로 탐오한 자가 청렴하게 되고 나약한 자가 뜻을 세울 것입니다. 먼 변방의 무인[遠方武士] 가운데 이와 같은 절행을 가진 사람이 있다니, 이는 참으로 "비록 배우지는 않았다고 하더라도 나는 반드시 그를 학문을 한 사람이라고 이르겠다"고 할만한 사람입니다.……무릇 국가에서 포상하는 은전을 내릴 때에는 단지 그 사람이 의를 행하고 공을 수립한 것만 볼 뿐입니다. 어찌 그 사람의 문벌과 직위의 높고 낮음과 문관으로 관직에 나아갔는가 무관으로 관직에 나아갔는가를 따지겠습니까. 최진립이 업적을 세운 것으로 보면 비록 그가 시호를 추증하는 은전과 청백리를 선발하는 명단에 들더라도 부끄럽지 않을 것입니다.

―『잠곡유고』, 권8, 「최진립청백사절포증의」

『신증동국여지승람』의 경주부 조항에는 설총, 김유신, 최치원, 이언적, 최진립 등의 추존 사실을 기록하였고, 이들의 추존을 위한 공간·시설도 함께 제시하였다.

　□ 서악서원(西岳書院): 1561년(명종 16)에 세웠으며, 1623년(인조 1)에 사액하였다. 설총(薛聰), 김유신(金庾信), 최치원(崔致遠)을 배향하였다.

　□ 옥산서원(玉山書院): 1573년(선조 6)에 세웠으며, 1574년(선조 7)에 사액하였다. 이언적(李彦迪)을 배향하였다.

　□ 숭렬사(崇烈祠): 1700년(숙종 26)에 세웠으며, 1711년(숙종 37)에 사액하였다. 최진립(崔震立)을 배향하였다.

　　　　—『신증동국여지승람』, 권21, 「경상도경주부『대동지지』」

숭렬사는 최진립의 절의정신을 기리기 위한 사당으로, 이는 설총-김유신-최치원을 배향한 서악서원, 이언적을 배향한 옥산서원과 함께 경주를 대표하고 상징하는 서원-사당이라는 것을 알 수 있다. 최진립의 숭렬사(崇烈祠)는 이순신의 현충사(顯忠祠), 김시민의 충민사(忠愍祠)와 함께 역사적 의의를 다룰 사안이기도 하다. 하지만 최진립이 이순신이나 김시민처럼 무과 출신이면서도 유독 그만이 사우/서원에 배향된 것은 매우 이례적이다(안승준, 2005). 성호 이익은 숭렬사(=龍山書院)에 대해 다음과 같이 구체적인 내력을 들려준다.

<사진 5> 최진립의 용산서원

　　근세에 경주의 최진립[崔大夫貞武公]은 타고난 성품이 지
극히 바르고 당시의 처지가 지극히 어려웠는데 공이 수립
한 바는 또 지극히 강건하고 위대하였다.……험천(險川)의
전투 때에 정황이 암담하고 귀신도 놀라서 부르짖는 급박
한 상황이었는데, 공은 결국 적의 화살과 칼날 아래 죽었
다. 임금께서 이 사실을 알고 이르기를 "나에게 신하가 있
었다[余有臣矣]"고 하였고, 신하 조사석은 말하기를 "나라
에 인물이 있었다[國有人矣]"고 하였으며, 아래로 장사꾼[販
夫]이나 어리석은 아낙네들[愚婦]까지도 모두 "철인이 세상
을 떠났다[哲人亡矣]"고 하였다. 당시에 이미 왕명으로 병
조판서를 증직하고 정무(貞武)라는 시호를 내리고 숭렬사
(崇烈祠)라는 편액을 하사하였는데, 후에 사람들이 경앙하
는 마음이 더욱더 깊어지자 많은 선비들이 당우(堂宇)를 따

로 건립해 모여서 강학(講學)하는 곳으로 삼고 이를 용산서
원(龍山書院)이라고 하였다.……낙성한 뒤 정당(正堂)에 민
고당(敏古堂)이라는 편액을 달고, 동서의 두 협실(夾室)은 흥
인당(興仁堂)·명의당(明義堂)이라 하고, 두 재(齋)는 호덕재
(好德齋)·유예재(游藝齋)라 하고, 누(樓)는 청풍루(淸風樓)라
하고, 문은 식강문(植綱門)이라 하였으니, 이것은 모두 향선
생(鄕先生)인 참의 정중기(鄭重器)가 명명한 것이다.

— 『성호전집』, 권53, 「숭렬사강당기」

조선시대 병조판서로 추증된 1대 최진립은 청백리였기에 부
자로 살았다고 말하기는 어렵다. 최진립의 적자 4명−서자 1
명은 주거 위치에 따라 종파(宗派: 一子 崔東尹. 이조마을 거주), 동
파(東派: 二子 崔東說. 이조마을 동편 거주), 서파(西派: 三子 崔東亮.
이조마을 서편 거주. 뒤에 校洞으로 이주), 신을파(辛乙派: 四子 崔東
璟. 신을마을 거주), 시리파(矢里派=庶派: 五子 崔東翊. 시리마을 거
주)로 나뉜다(안승준, 2005). 이들 후손 중에서 최진립의 명예를
능가하여 종가를 새로이 열만한 인물[顯祖]이 부상하지 않은
것도 특징적이다. 최진립의 후손들은 적절한 재산 운용을 통
해 경주 관내에서 막대한 부=물력=경제력을 축적하고 이를
통해 향촌지배권을 장악하였다. 이는 가문의 위상을 높이는
방법으로 과거 합격과 고관 배출을 중시했던 사회 일반의 경
향과는 다른 점이라고 말할 수 있다. 다만 18세기 중엽, 서파

가 읍내인 교동으로 이주하면서, 그리고 종파와 서파의 치열한 종권 경쟁에서 서파가 승리하면서 사실상 종권을 장악하기에 이르렀다. 서파의 계열을 속칭 최부잣집이라고 부른다(안승준, 2005).

최부잣집은 종파－동파－서파－신을파－시리파 중에서 서파의 최동량의 계열을 일컫는다. 최동량은 일찍이 음서제의 유풍에 따라 용궁현감을 지냈다. 1641년(인조 19), 인조는 최진립에 대해서는 일찍이 증직했으면서도 그의 자손에 대해서는 아직 관직에 제수하지 못했다는 이조의 계사를 접하고서 이를 "속히 거행하여 충성스럽고 의로운 넋을 위로하라"고 전교하였다(『승정원일기』 1641년(인조 19) 5월 12일). 이로 미루어볼 때 최동량이 용궁현감에 부임한 것은 1641년(인조 19) 이후의 일로 보인다. 2대 최동량이 황무지 개척을 통해 농토를 많이 확보하여 부자의 서막을 열었다면, 3대 최국선은 이앙법을 도입·적용하여 벼의 수확량을 크게 늘리면서 진정한 최부잣집의 출발을 알리게 되었다.[8] 1790년(정조 14)에 일어난 격쟁에서 최당(崔

---

[8] 최부잣집의 터전인 이조마을은 농사를 짓기에 적합한 평야지대와 풍부한 관개용수를 보유하고 있었다. 이는 인근 양동마을의 경주손씨–여강이씨들의 터전이었던 안강평야 못지않은 자연지리 조건이었다(안승준, 2005). 최부잣집의 경우 최초로 관개시설을 만들어 이앙법을 도입하고 원성의 대상인 마름을 없애는 획기적인 일을 수행했다. 그러나 관개시설이 제대로 확보되지 못한 일반 농가에서는 이앙법이 능사일 수는 없었다. 1704년(숙종 30)의 기록을 통해, 당시 이앙법이 대세인 상황에서 그 폐해를 지적하는 목소리도 컸다는 사실에 유의할 일이다. 천수답(天水畓=奉天畓)의 경우, 가뭄이 극심할 때에는 끝내 파종할 수가 없어 흉년을 면치 못하게 된다. 관개시설이 안 된 곳에서는 이앙을 하지 못하게 하라는 것이 당시 이앙법을 바라보는 관점이었다(『임하필기』, 권22, 「이앙지폐」).

璘)이 올린 진정서를 통해 최진립－최동량－최국선으로 이어지는 가계·종계에서 최국선이 차지하는 위상을 파악할 수 있다(『일성록』 1790년(정조 14) 9월 21일).

부를 집어삼키듯 하는 요즘의 졸부들과는 달리 최부잣집은 3대(최진립－최동량－최국선)를 시작점으로 하여 12대에 걸친 재산 형성과정을 거쳤다. 충렬과 청렴을 삶의 기조로 삼았던 최진립은 지극히 검소한 삶을 통해 300년 부의 토대를 마련하였다. 300년 동안 12대에 걸쳐 만석지기로 이름을 날린 최부잣집 교동고택(중요민속문화재 제27호)은 흉년 때 곳간 문을 열어 이웃을 구제하였다. 최부잣집의 노블리스 오블리주는 마지막 최부자인 최준에 의해 완성되었다. 일제강점기에 백산상회를 설립해 독립운동 자금을 지원하고 임시정부 주석 김구에게 군자금을 보냈다. 최준은 광복 후에는 인재 양성을 위해 전 재산을 출연하여 대구대학(1947)과 계림학숙(1950)을 설립했다(박강섭, 2009). 계림학숙은 서울 수복(1950. 9. 28) 후 부득이 대구대학과 통합했다. 최준은 5·16 이후 대학설치령 강화로 신규 투자에 어려움을 겪는 중에 삼성 이병철 회장이 대구대학을 맡겠다고 나서자 1964년 12월, 이병철에게 대구대학을 무상 양도하였다. 그러나 이병철도 얼마 안가 대구대학 운영에서 손을 떼고, 1967년 12월, 대구대학과 청구대학은 합병을 통해 영남대학교(학교법인 영남학원)로 이름을 바꿔달았다.

4. 유정원의 선정=인정=혜정

삼산 유정원(三山 柳正源, 1702~1761)은 1729년(영조 5)에 생원 시에 입격하였고, 1735년(영조 11)에 대과에 급제하였다. 경학 과 주석에 조예가 깊어 특히 경연관으로 있을 때에 영조의 신 임이 두터웠다. 유정원과 영조 사이에 오간 대화에 퇴계 이황 의『성학십도』얘기가 나오는 것도 특징적이다. 유정원이 각 고을을 다스리면서 선정을 베풀었던 것은 유교의 수기치인학, 그 본연의 가르침에 충실했다는 증거이기도 하다.

영조: "(대신들에게) 필선 유정원이 학식이 있다고 들었 으나 내가 만나 보지 못하였다."

좌의정 김상로: "판중추부사였던 정우량(鄭羽良)이 이 사 람을 큰 선비[大儒]라고 하였습니다."

영조: "(입시한 유정원에게) 그대가 옛사람들의 책을 많 이 읽었다고 들었다. 동궁은 지금 한창 배워야 할 때이니 힘써 권강하여야 한다.……서연(書筵)에서 진강하는 것이 무슨 책인가."

유정원: "<숙흥야매잠>(夙興夜寐箴)입니다."

영조: "이 <숙흥야매잠>은 배우는 사람들에게 공부할 수 있도록 지은 것인데, 임금에게도 역시 유용한 점이 있 는 것인가."

유정원: "제왕의 배움이 비록 일반 백성들의 배움과 다

르기는 하지만 마음을 다스리는 공부는 한 가지입니다. 선정신 문순공 이황이 이 때문에 『성학십도』에 진술하여 임금께 올린 것입니다. 신은, 임금이 나라 일을 다스리는 여가에 마음이 쉽게 풀어지게 되므로, 더더욱 이 <숙흥야매잠>을 마음에 간직하여 공부에 힘써야 할 것이라고 생각합니다."

영조: "(유정원이 물러난 뒤 신하들에게) 이 사람은 단지 학식이 있는 사람일 뿐만 아니라 영남의 학맥을 이은 순실한 사람[嶺人淳實]이다."

―『대산집』, 권52, 「통정대부사간원대사간삼산유공행장」

유정원은 유교적 기준에 입각한 강고한 수령의 원칙을 세워 고을을 다스리는 일에 임했다. 유정원은 "수령은 백성을 기르는 관리이니 그들을 사랑하기를 자식처럼 하더라도 제대로 하지 못할까 오히려 걱정이다. 더구나 위엄과 노여움을 드러내어 백성에게 임한다면 그들이 또 누구를 믿고 의지할 것인가"라고 하였다(『대산집』, 권52, 「통정대부사간원대사간삼산유공행장」). 유정원은 강원도 통천군수가 되어 은혜로운 정사를 많이 베풀었다. 유정원이 통천군수로 있다가 부교리에 임명되어 통천을 떠나게 되자, 백성들이 울며 길을 막았고 혹자는 길 가운데에 누워서 일어나지 않은 자도 있었다. 유정원은 이들을 위로하여 잘 타이르고 길을 떠나왔다. 뒤에 고을 사람들이 동비(銅碑)를 만들어서 그 덕을 칭송하였다(『목민심서』, 권14, 「유애[해관제육조]」).

돌에 덕을 새겨 영원토록 칭송하자는 것이 이른바 선정비라면서 이를 반성하여 부끄럽게 여길 일이라고 비판했던 정약용도 유정원의 선정에 대해서는 그 덕을 칭송하고 이를 기록으로 남기는 데 적극적이었다. 정약용은 유정원의 1756년(영조 32) 봄에 있었던 일을 다음과 같이 기술하였다.

유정원이 통천군수로 있을 적에 큰 흉년이 들었는데 관동지방이 더욱 심하였다. 유정원은 계획을 세워 곡식 1800섬[斛]을 얻어 고을 백성 중에 근실한 자를 골라서 일을 맡겼다. 열흘마다 진미(賑米) 나누어 주는 것을 친히 감독하되 면(面)마다 각각 기(旗)를 만들고, 면임(面任: 風憲·約正)으로 하여금 기를 들고 굶주린 백성을 이끌고 들어가 진미를 받게 하였다. 진미를 받고 나면 기를 세우고 나란히 앉게 한 다음, 아홉 개의 솥을 마당에 걸고 죽과 미음을 쑤어서 나누어 먹게 하였다. 죽과 미음을 다 먹고 나면 기를 들고 나갔다. 그래서 종일토록 시끄럽게 떠들거나 대오를 이탈한 자가 없었다. 암행어사[繡衣使者=繡衣使道]가 미복(微服)으로 와서 엿보고는 사람들에게 말하기를 "이 한 가지 일을 보면 그 사람됨을 알겠다"고 하였다. 어느 날 큰 눈이 와서 길이 통하지 못하자, 곡식을 배에 싣고 바다로 돌며 진미를 나누어 주게 하였다. 왕왕 쓰러져 누워 일어나지 못하는 자가 있으므로 문을 두드리고 불러서 쌀을 나누어주니, 이를 감동하고 기뻐하지 않는 자가 없었으며 눈물을 흘리는 자까지 있었다. 병자년(1756) 봄의 일이다.

―『목민심서』, 권13, 「설시[진황제사조]」

유정원이 경상도 자인현(지금의 경북 경산시 자인면 일대)의 현감으로 있을 적에 휴가를 마친 후에는 벼슬을 그만둘 뜻을 내비쳤다. 이에 고을 백성들이 관아를 지키고 사흘 동안 밤낮으로 가지 않으므로 그는 가족을 관아에 머물게 하여 다시 돌아올 뜻을 보였다. 돌아와서는, 세 번에 걸쳐 사직서를 올렸으나 순찰사가 불허하면서 말하기를 "민심[民情]이 어머니를 잃은 것처럼 갈피를 못 잡는데 사정[私]을 따라 공사[公]를 폐할 수는 없다"고 하였다. 유정원이 할 수 없이 관에 돌아오니, 고을 백성들이 모두 교외에 나와 환영하였다(『목민심서』, 권14, 「원류[해관제삼조]」).

유정원은 자인현감으로 있으면서, 풍속을 돈후하게 하는 일과 함께 항상 권농책에 힘썼다. 유정원은 당시 자인현 경내의 소가 모두 역병으로 죽자, 관전(官錢)을 내어 백성에게 나누어 주고, 열 집이 소 한 마리씩을 사게 하여 논밭을 일굴 수 있도록 하였다(『목민심서』, 권7, 「권농[호전제육조]」). 유정원은 백성들이 겪는 병폐가 심할 경우에는 다른 부담[예컨대 徭役]을 덜어주는 데도 힘썼다. 유정원이 자인현감으로 있을 때, 자인현의 백성들은 대구(大丘)[9]의 남창(南倉)과 칠곡(漆谷)의 산성창(山城倉)에서 환곡을 수령했는데, 이는 길이 멀어서 운반이 매우 힘든 수령 방식이었다. 유정원은 순찰사에게 힘든 사정을 보고하여 백성의 고역을 줄이고자 하였으나 순찰사는 제도를 바꾸기 어렵다며 이를 허락하지 않았다. 이에 유정원은 자신의 거취를 걸고 강하게 논쟁하여, 순찰사가 임금에게 장계를 올려 자인현의 백성들이 대구와 칠곡이 아닌 가까운 경주에서 환곡을 받을 수 있도록 하였다(『목민심서』, 권5, 「전정곡부하[호전제삼조]」).

유정원이 자인현감으로 있을 때에 얼마 후 순찰사가 교체되어 돌아가게 되었다. 당시 신관과 구관이 임지를 교대할 때는 모피[羔皮] 300장을 바치게 되어 있었다. 이에 유정원은 순찰사에게 "모피 300장이면 말 300필을 죽여야 하니 궁핍한 고을이 감당할 만한 일이 아니다"고 건의하여, 순찰사가 그 정액을 40장으로 줄여 주었다(『목민심서』, 권3, 「공납[봉공제오조]」).

정약용은 오학론(성리학, 훈고학, 문장학, 과거학, 술수학)을 통해 선비의 학문이 갖는 한계와 문제를 논하면서, 목민관은 과거에 급제했으면서도 고을을 직접 다스릴 줄 몰라 오직 아전

---

9 당시만 해도 대구의 한자 이름은 대구(大邱)가 아닌 대구(大丘)였다. 대구의 한자 이름 대구(大丘)를 대구(大邱)로 바꾸자는 의견이 처음 나온 것은 1750년(영조 26)의 일이다. 대구의 유생 이양채가 소를 올려 "이른바 대구의 구자는[所謂大丘之丘字] 바로 공자의 이름자이다[卽孔夫子名字也]"고 전제하고 "사람들은 이를 미안하게 여긴다[人心不安]"면서 대구의 한자 이름을 바꿔 줄 것을 건의했다. 이에 영조는 근래에 유생들이 신기한 것을 일삼는다면서 이양채의 제안을 돌출행동에 불과한 것으로 치부했다(『영조실록』 1750년(영조 26) 12월 2일). 그런데 그로부터 50년 가까이 세월이 지난 1798년(정조 22)에 이르러 대구(大丘)가 대구(大邱)로 한자 이름이 바뀌었다(『정조실록』 1798년(정조 22) 10월 12일). 뒤늦게나마 이양채의 건의사항이 뜻을 이룬 셈이다.

이 지시하는 대로 따르는 병폐를 지적한 바 있다(『여유당전서』,
시문집권11, 「오학론」). 실무행정에 관한 지식이 없는 지방관과
짧은 임기의 수령이 많아짐으로써 생긴 지방행정의 공백은 아
전에 의해 채워졌다. 그 병폐로 아전의 농간에 수령이 휘둘리
고 이는 백성들의 삶이 도탄에 빠지는 문제로 이어졌다.[10] 하
지만 유정원은 자인현감으로 있을 때에 아전들을 잘 통제·관
리하였고 그들이 현감을 감히 속이지 못하도록 만들었다(『목민
심서』, 권4, 「전정[호전제일조]」). 당시의 일에 대해 대산 이상정
(大山 李象靖, 1711~1781)은 다음과 같이 기록하였다.

유정원은 총명이 보통 사람과는 달랐으며 한번 눈으로
훑어보기만 해도 잊어버리지 않았다. 자인현감으로 있을
때, 고을 전체의 전결(田結)을 기록한 문서를 받아 벼룻집
[硯室] 속에 넣어두었는데, 이를 대조·확인하기 전에 어느

---

10 『경국대전』에 보장된 수령의 임기는 1800일(120삭)이었고, 변방·연해지역에 가족을 대
동하지 않고 홀로 부임하는 미설가수령(未挈家守令)의 임기는 그 절반인 900일(60삭)이었
다. 하지만 조선후기로 갈수록 수령의 임기는 단축되어 수령은 450일(30삭) 내지 900일
(60삭)이었고 미설가수령은 450일(30삭)로 조정되었다. 그러나 이마저도 제대로 지켜지
지 못했다. 정약용은 수령의 임기에 대해 "지금의 수령은 오래 있는 사람은 3~4년 정도
이고, 그렇지 못한 자는 1년 정도에 불과하다"면서 "그들이 벼슬자리에 있는 것은 마치
여관의 과객이나 다름없다"고 지적한 바 있다(『여유당전서』, 시문집권11, 「향리론일」). 미
설수령의 경우도 문제였지만 남솔(濫率)을 저지르는 수령도 문제였다. 남솔은 수령이
부임지에 너무 많은 가족을 데리고 부임하여 사실상 백성들의 삶을 고단하게 만드는 것
을 말하며, 이 역시 법령을 통해 금지하였다. 그런데 이 금령은 예상 밖의 부작용을 낳기
도 했다. 영남에 별견어사로 파견된 박문수는 "수령의 남솔에 대해서는 파직시키는 형률
이 있는데, 근래에 그 벼슬에서 교체되기를 바라는 자들이 일부러 이 형률을 범하는 자들
이 있다"고 지적하였다(『영조실록』 1727년(영조 3) 10월 20일).

날 갑자기 문서가 없어졌다. 유정원은 그것이 아전들[吏輩]의 소행이라는 것을 알고서, 각 면의 아전들[書員]을 불러 모아 중초한 문서를 담은 상자[中草籠]를 내주면서, 계산할 아전 6~7명[計吏六七輩]을 시켜 계산하게 하였다. 자신은 문을 닫고 앉아서 산가지 두 개를 사용하여 책상 위에서 이리저리 계산하였다. 아전들이 계산을 마치고 전결의 합계[田結總數]를 아뢰었다. 유정원은 "합계는 얼마여야 맞는데, 80여 결이나 줄었으니 이는 어찌 된 일인가"라고 묻고 다시 계산토록 하자, 과연 유정원이 계산한 것이 맞았다. 아전들이 물러간 다음, 유정원은 "중초한 문서를 담은 상자를 보면 전번에 잃어버린 문서가 반드시 거기에 있을 것이다"라고 하였는데, 찾아보니 과연 잃어버린 문서가 거기에 들어있었다. 이것은 아전들이 현감을 속일 수 없음을 알고 그 빼돌린 문서를 상자 속에 도로 넣고 간 것이었다. 이때부터 아전들이 모두 현감을 두려워하고 복종하여 감히 다시 속이지 못하였다.

　　　　　　─『대산집』, 권52, 「통정대부사간원대사간삼산유공행장」

　유정원은 고을을 다스림에 공평하고 어질고 너그러웠으며, 사람들에게 작은 잘못이 있어도 대개는 이를 용서하였다. 그러나 누군가가 간교하게도 백성들에게 해를 끼치는 자가 있으면, 끝까지 조사하고 엄하게 다스려 조금도 용서하는 일이 없었다. 바로 여기에 정약용이 유정원을 각별히 주목했던 까닭이 있다.
　정약용은 공자의 "어진 사람은 인에 편안하고[仁者安仁] 지혜로

<사진 6> 유정원의 삼산정

운 사람은 인을 이롭게 여긴다[知者利仁]"는 말(『논어』, 제4, 「이인」)
을 응용하여 "청렴한 사람은 청렴을 편안하게 여기고[廉者安廉]
지혜로운 사람은 청렴을 이롭게 여긴다[知者利廉]"고 말하였다
(『목민심서』, 권2, 「청심[율기제이조]」). 정약용이 보기에 유정원이
야말로 청렴한 사람은 청렴을 편안하게 여기고 지혜로운 사람
은 청렴을 이롭게 여긴다는 말에 딱 어울리는 사람이었다.

유정원은 의복과 음식은 검소함을 법식으로 삼았고, 조금이
라도 이를 넘지 않도록 지출을 절제하였다. 유정원은 여러 군
현의 수령을 지냈지만, 그가 그만두고 돌아올 때는 빈 손이나
다를 바가 없었다. 유정원이 자인현감으로 있을 때의 일화는
검소함을 법식으로 삼아 지출을 절제했던 그의 일상을 잘 보
여준다(『목민심서』, 권2, 「절용[율기제오조]」). 이상정은 유정원의
절제된 삶과 이에 입각한 수령의 참다운 길에 대해 다음과 같

이 기술하였다.

> 매번 사직하고 고향으로 돌아올 때면 단신으로 말을 타고
> 길을 나섰고, 의복과 기물에 치장을 하는 일이 없었다. 자
> 인현에서 휴가를 받아 집에 돌아와 있을 때, 자제들은 자
> 인현의 관아에 있었는데, 헌 농짝을 집으로 돌려보내면서
> 속이 비어 찌그러지기 쉬울 것 같아 그 속을 볏짚으로 채
> 웠다. 동네 부녀자들이 그것이 관아에서 온 것이라 하여
> 앞다투어 와서 보다가, 그 안에 든 것이 볏짚이라는 것을
> 알고는 모두 크게 웃고서 돌아갔다. 유정원이 자제들에게
> 말하기를 "청백이 우리 집의 중요한 물건이니 너희가 볏
> 짚으로 상자를 채운 것은 잘한 일이다"고 하였다.
>
> ─『대산집』, 권52, 「통정대부사간원대사간삼산유공행장」

목민관의 일반 행태에 대한 우리의 통념은 무엇인가. 목민
관이 교체될 때마다 고을 백성들은 전송과 마중에 따르는 어
려움을 겪어야 했다. 오죽하면 목민관의 임기가 제대로 보장
되어야만 선정의 가능성이 높아질 것이라는 얘기가 나올 정도
였다. 하지만 올곧은 선비정신과 청렴의식을 갖춘 목민관이라
면 이런 제도상의 문제는 부차적인 것에 불과할 것이다. 유정
원의 경우를 통해 수기치인학에서 말하는 선정=인정=혜정의
원리와 실제를 점검하는 일은 선비정신의 본연과 추이를 가늠
하는 중요한 과정임을 알 수 있다.

5장 선비와 청빈, 그리고 선정비

1. 선정비의 시작, 팔마비

1274년(원종 15/충렬왕 1)과 1281년(충렬왕 7) 두 번에 걸친 여원연합군(麗元聯合軍)의 일본 정벌과 그 실패는 일본의 역사에서는 신의 행동—바람이 가져다준 승리였다. 이는 이후 일본=신국의 이념을 굳히는 신화로 작용하였고 20세기 일본의 전쟁 범죄를 추동하는 힘으로 작용하였다. 『고려사』와 『고려사절요』를 재구성한 안정복의 『동사강목』에 의거하여 1281년(충렬왕 7) 3월~8월의 여원연합군의 일본 정벌 관련 기록을 간략 제시하면 다음과 같다(『동사강목』, 제12상, 「충렬왕」).

3월: 원수 김방경이 군대를 인솔하고 마산[合浦]으로 갔다.

4월: 왕이 마산으로 갔다. 4일 만에 마산에서 크게 군대를 사열하였다.

5월: 여원연합군[東征軍]이 마산에서 일본으로 출정하였다.

6월: 원나라 군대[元軍]가 하카타만[覇家臺]에서 싸웠으나 패하였다.

……

8월: 왕이 공주와 함께 경상도에 행차하였다.……여러 군대가 돌아왔는데, 원나라 군대는 돌아오지 못한 사람이 10여 만 명이었고, 우리 군대도 죽은 사람이 8천여 명이었다. 태풍이 닥쳐올 때에 김주정이 계책을 써서 건지고 살려낸 사람이 매우 많았다.……[『원사』에는 이렇게 되어있다.—"10만 군대에서 돌아온 사람이 3명뿐이었다."]

안정복은 1281년(충렬왕 7) 3월~8월의 기사에는 여원연합군의 정벌 실패를 기술하면서, 11월의 기사에는 여원연합군 관련 기사와는 사뭇 다른 얘기를 배치하였다(『동사강목』, 제12상, 「충렬왕」).

① 승평부사 최석(崔碩)을 비서랑으로 삼았다.: 승평부에서는 옛날 풍속이 읍의 수령이 갈려 갈 때에는 반드시 말 8필을 바쳤는데 마음대로 고르도록 하였다. 최석이 임기를 마치고 돌아올 때에 고을 사람들이 관례에 따라 말을 가지고 와서 고르도록 청하자 최석이 웃으면서 "말은 개경까지 가면 되는 것인데 고를 필요가 있겠느냐"라고 말하고,

집에 와서 말을 돌려주었으나 아전이 받지 않았다. 최석은
"내가 너희 고을에 수령으로 있는 동안 나의 암말이 망아
지를 낳았는데 지금 망아지까지 데리고 왔으니 이는 나의
욕심이었다. 네가 받지 않는 것은 내가 욕심이 있으면서도
겉으로만 사양하는 체 한다고 생각한 것이 아니냐"라고
말하고 그 망아지까지 돌려주었다. 이후로 그 폐단이 드디
어 없어졌다. 고을 사람들이 그의 덕을 칭송하여 비석을
세웠는데 팔마비(八馬碑)라 이름하였다.

② 이 해에 전염병이 크게 유행하였다.: 개경의 이점(泥
坫)에 맹아가 있었는데 부모가 모두 전염병으로 죽고 다만
백구 한 마리와 같이 살고있었다. 맹아가 백구의 꼬리를
붙잡고 밖에 나가면 사람들이 그에게 밥을 주는데 백구는
먼저 먹는 일이 없었으며, 맹아가 목이 마르다고 하면 백
구는 그를 이끌고 우물가에 가서 물을 마시도록 하였다.
이리하여 맹아는 백구의 덕으로 살아갔는데 보는 사람들
은 맹아를 동정하면서 백구를 의견(義犬)이라 불렀다.[내가
살피건대, 당시에 오히려 임금을 배반하고 국가를 해치는
무리들이 가득한데도 이 개는 주인을 알아보았으니, 저들
이야말로 짐승보다 못한 자들이라 하겠다.]

1281년(충렬왕 7). 어느 해라고 해서 힘들지 않은 때가 없었
겠지만, 그 해는 여원연합군의 일본 정벌과 그 실패로 인해 민
심은 흉흉하고 민생은 도탄에 빠진 형국이기도 했다. 바로 그

해의 역사 기록 중에서도 또다른 의미에서 특별한 기사를 접하게 된다. 최석의 팔마(八馬)와 맹아의 백구(白狗)가 그것이다. 그 중에서도 최석의 팔마비에 관심이 가는 것은 바로 선비와 청빈에 관한 주제를 풀기 위한 한 방편이 될 수 있기 때문이다. 정약용도『목민심서』에서 최석의 팔마비에 주목한 바 있다(『목민심서』, 권14, 「귀장[해관제이조]」). 고려 충목왕~공민왕 때의 문신 최원우(崔元祐, ?~?)는 비바람으로 넘어진 팔마비를 다시 세우고는 다음과 같은 시를 지었다.

> 승평부에 오가는 동안 계절[節物]이 바뀌었으니
> 보내고 맞는데 백성의 시간[民時]을 빼앗는 것 부끄럽네
> 후세에 전할 만한 덕이 없다고 말하지 말라
> 최군의 팔마비를 다시 일으켜 세웠다네
> ─『동문선』, 권21, 「제순천팔마비」

전라남도 순천시 영동에는 팔마비(八馬碑)라는 고려시대의 비석이 있다(전라남도 유형문화재 제76호). 승평부사 최석에 관한 기사는 선정의 의미를 성찰하는 중요한 장면을 보여준다(『고려사』, 권121, 「최석」;『고려사절요』, 권20, 「충렬왕[이]」). 최석의 선제적인 가르침으로 인해 임기를 마치고 떠나는 수령에게 말을 선물로 바치는 폐습이 없어지게 되자 백성들은 그를 칭송하며 돈을 모아 선정비를 세우고 이를 팔마비라고 불렀다. 조선시

대의 『경국대전』과 『속대전』에 규정된 고마법(雇馬法)이나 쇄마가(刷馬價)에 관해서는 최석의 팔마비와 비교하면서 검토할 필요가 있다. 적어도 고마법-쇄마가는 우리나라에서 예전부터 전해오던 법은 아니었다는 것을 알 수 있다. 하지만 조선시대에 지방관을 맞이하고 보내는데 필요한 쇄마 규정이 법제화되면서 문제가 발생하였다. 조선시대의 사회문제를 부추기는 현상으로 서원의 남설(濫設)-수령의 남솔(濫率)-쇄마의 남수(濫收)를 들기도 한다. 쇄마 규정이 법제화되었다고는 하나 18~19세기에는 쇄마 규정을 벗어난 남수(濫收), 그 가렴주구는 심각성을 더해갔다.

선정비[11]는 수사적 표현 그대로 선정=인정=혜정의 결과물일 수도 있지만 그 실상을 들여다볼 때 표상과는 상반되는 경우도 많았다. 수령이 품관(지방 유력자)의 부역을 면제해주면 품관은 은혜를 갚고자 백성을 동원하여 선정비를 세워주는 경우가 많았다. 1560년(명종 15) 10월 4일 조강에서 대사헌 국재 오겸(菊齋 吳謙, 1496~1582)은 수령들이 뇌물로 고관의 환심을 사서 거짓 선정비를 세우는 폐단을 다음과 같이 지적하였다.

---

[11] 선정비의 수사학을 보여주는 명칭을 열거하면 다음과 같다. 송덕비(頌德碑), 공덕비(功德碑), 영모비(永慕碑), 유애비(遺愛碑), 거사비(去思碑), 불망비(不忘碑), 청덕거사비(淸德去思碑), 청덕선정비(淸德善政碑), 영세불망비(永世不忘碑), 영사불망비(永思不忘碑), 유혜불망비(遺惠不忘碑), 선정애민비(善政愛民碑), 추사타루비(追思墮淚碑), 대동인정후세불망비(大同仁政後世不忘碑), 경요보민인덕불망비(輕徭保民仁德不忘碑)….

　　근래에 공도가 날로 무너지고 허위가 풍조를 이루었습니다. 일찍이 수령들이 선정을 베풀었다고 해서 비를 세우는 경우를 보았습니다. 선정을 베푼 수령도 간혹 있기는 하지만 혹은 품관(品官)과 교제를 맺고 술로 환심을 사서 드디어 아주 친밀한 관계가 되며 심지어 부역(賦役)을 면제해주고 관물(官物)을 뇌물로 주어 은혜를 파는 곳[市恩之地]으로 삼는데 품관은 은혜에 감격하여 어리석은 백성을 부려서 비를 세워줍니다.

　　　　　　　　　　　　―『명종실록』1560년(명종 15) 10월 4일

　　오겸은 거짓 선정비 문제에 대해 "근래에 공도가 날로 무너지고 허위가 하나의 풍조를 이루었다"고 지적하였다. 오겸에 의하면, 수령이 진정 고을을 잘 다스려서 그 실효가 드러난다면, 그야말로 칭찬하는 말 한마디로도 충분히 은총이 될 것이라면서, 하지만 세태는 이처럼 교묘한 꾀로 이름을 낚는 폐단이 이루 다 말할 수 없는 지경이 되었다고 비판하였다(『명종실록』1560년(명종 15) 10월 4일).

　　오겸의 언급을 통해 파악할 수 있듯이, 선정비는 말 그대로 선정의 표시가 아니라 지방 유력자와의 끈끈한 결탁의 증거일 수 있다. 비문은 이처럼 내용과 관련 없이, 내용과는 다르게 악정=학정의 증거물이기도 했다.

　　조선시대 중·후반에 전국에 걸쳐 선정비가 대거 등장하면서 비석거리도 조성되었다. 비석거리를 바라보면서 우리들은 수기치인학을 공부했던 조선시대 선비들의 도덕성에 대해 많은 생각을 하게 된다. 특히 전북 정읍시 고부면의 선정비 무리는 선정의 레토릭이 어느 정도로 기만적인가를 단적으로 보여준다. 고부는 조선 말기 고부군수 조병갑의 탐학에 농민이 반기를 들며 동학농민혁명이 시작된 곳이다. <전봉준공초>의 5차(1895.2.9.~1895.3.10.)에 걸친 신문도 조병갑의 탐학이 동학농민혁명의 원인이었는가를 묻고 답하는 데서 시작한다.

<전봉준공초>(1895.2.9.~1895.3.10.)에는 늑대(勒貸)의 계열언어(勒政, 勒徵, 勒收, 勒奪, 勒斂)가 집중적으로 등장한다. 수기치인학을 이탈하여 잘못된 앎과 삶의 세계를 구축했던 많은 선비들이 선정=인정=혜정을 베풀지 않고 이처럼 백성을 억압·착취·수탈하는 존재로 미끄러졌다는 데서 왜 조선시대의 이리(狼=wolf)가 늑대(勒貸=wolf)로 명칭이 바뀌었는지를 언어발생사·언어사회학의 관점에서 그 내력을 파악할 수 있다(박균섭, 2018).

전북 정읍시 고부면사무소 앞 군자정 둘레에 늘어선, 22기에 이르는 군수·암행어사·병마절도사의 선정비는 대부분 온전한 모습으로 남아있지 않다(한겨레, 2016). 이곳에 반 토막 난 선정비가 수두룩한 것은 학정에 시달린 백성들에게 비문의 레토릭—선정·인정·혜정이란 오히려 분노의 표적, 반격의 대상으로 여겨졌을 뿐이다.

2. 안동에 선정비가 없는 까닭

조선시대에는, 중·후반으로 갈수록, 전국 각지에 수많은 선정비가 세워졌다. 선정비가 세워졌다는 것은 말 그대로 그 고을의 백성들이 선정의 혜택을 입었다는 얘기가 될 것이다. 하지만 선정비가 곧 선정의 징표라고 보기는 어렵다. 우리는 선정비로 표상되지 않는 선정이야말로 가장 이상적인 정치라는 순수의 정조를 만날 수 있다. 그것이야말로 원망의 정조를 벗어날 수 있는 가장 확실한 방법이었다. 이는 특정 지역에 아예 선정비가 세워진 적이 없었던 사실을 통해 설명할 수 있다.

우천 정칙(愚川 鄭侙, 1601~1663)은 안동에는 고려시대 이래 8백 년 동안 고을 수령의 덕을 칭송하기 위한 비석을 세우지 않는 전통이 이어져왔음을 밝힌 바 있다(권경열, 2014). 안동에서 내려온 이 전통은 수령의 덕을 칭송한다는 뜻으로 선정비=공덕비=유애비를 세우는 그 얄팍한 생각이 오히려 고을의 순후한 풍속을 해친다는 생각에 따른 것이다. 이러한 관점이야말로 선비의 청빈과 애민정신에 대한 본연의 가르침에 해당한다고 말할 수 있다.

우리 고을 안동에는 옛날부터 비석을 세워 고을 수령[邑宰]의 덕을 칭송하는 경우가 없었다. 사람들이 이를 모두 괴이하게 여겼으나 퇴계 선생만은 유독 이를 매우 좋게 보고 말하기를 "비석을 세우는 것은 수령[地主]이 어질고 어질지 못한 것을 평가하는 것에 가깝다. 더구나 한때의 비난과 칭찬이 반드시 다 공정한 것에서 나온 것은 아니지 않는가"라고 하였다. 정립(鄭岦, 1574~1629)이 우리 고을 안동에 부임하였는데, 광해군의 학정을 겪은 뒤라 공평한 정사에 사람들이 기뻐하였다. 이에 많은 고을 사람들이 비석을 세우고 싶은 마음에 자재를 모으고 돌을 채취해 두었으나 끝내 뜻을 이루지는 못하였다. 옛날부터 지금까지 우리 고을 안동에 정공처럼 덕을 펴고 은혜를 베푼 이가 얼마나 많은지 모른다. 만약 이 비석이 한 번 세워지고 나면 정공에게 득이 되지 않을 뿐만 아니라, 고려 때부터 지금까지 8백 년 동안 내려온 우리 고을의 순후한 풍속[淳厚之風]이 하루아침에 사라지고 말 것이다. 대현의 정론을 고려하지 않고 전고에 없던 일을 처음으로 행한다면 이는 비속하지 않으면 망령된 것이다.

—『우천집』, 권4, 「안동무비」

선정비는 선정을 펼친 여부와 거의 상관없는 경우가 많았다. 선정비는 대부분 비석의 주인공들이 실제로 선정을 베풀었다기보다는 떠나가는 수령과 남아있는 토착세력의 이해관계가 들어맞아 만들어진 경우가 많았으며, 게다가 선정비 건립을 위한 비용 갹출은 홍수, 가뭄 못지않게 고을 백성들을 괴롭히는 증거물이기도 했다(권경열, 2014). 그러한 정황을 놓고

볼 때, 고려시대 이래 안동 지역에 선정비가 세워진 적이 없었던 것은 매우 특징적인 장면이다. 안동 지역의 수령은 설령 선정=인정=혜정을 베풀었더라도 애초부터 선정비를 세울 엄두를 내지 못했다. 참된 선정은 선정을 내세우지 않은 데 있다는 얘기인바, 이는 "참된 청렴은[眞廉] 청렴을 내세우지 않은 데 있다[無廉名]"는 통찰(『오주연문장전산고』, 격언, 「유속격언변증설」)과 뜻을 같이 한다고 하겠다.

문경새재의 교귀정은 조선시대 경상도 관찰사의 교인식(交印式)이 이루어진 곳이다(『신증동국여지승람』, 권29, 「문경현교귀정」). 조선시대 신임관찰사의 인수인계는 각 도의 경계지점에서 실시되었다. 이 지점을 일컬어 교귀(交龜)라 하였다. 관찰사 교인식은 조선시대 경상·전라·충청도 관찰사가 교체될 때 각각 경상도(문경새재), 전라도(여산), 충청도(진천)의 경계지점에 세워진 교귀정에서 관인과 병부를 인수인계하는 임무교대 의식이다. 문경새재의 교귀정에 관한 정보를 얻기 위해 점필재 김종직(佔畢齋 金宗直, 1431~1492)의 글을 살펴볼 필요가 있다. 『점필재집』의 시에는 제목만 무려 48자나 되는 시가 실려 있다.[12] 시의 제목만 풀어 제시하면 다음과 같다.

　　새재의 동쪽 비탈에 새로 지은 정자가 있어 퍽 넓고 화

---

12 『佔畢齋集』, 卷16, 「鳥嶺東崖有新亭頗宏麗乃新舊方伯交印面別處也前觀察愼承命所建而無名號余命以交龜壁有進士柳順雨丁詩次韻」.

려한데 이는 곧 신관·구관 관찰사가 서로 직무를 인수인계하고 작별하는 곳이다. 이 정자는 전 현감 신승명이 세운 것인데 정자의 이름이 없기에 내(김종직)가 교귀라 명명하였다. 그 벽에 진사 유순정의 시가 있으므로 그 시의 운을 따랐다.

그런데 문경새재의 교귀정에는 예사롭지 않은 선정비가 세워져있다. 안동부사의 선정비라면, 그리고 그 비를 세우겠다면, 이는 안동에 세워야 맞다. 하지만 안동부사의 선정비가 안동이 아닌 이곳 문경새재에 세워져있다. 문경새재 교귀정 뒤편에 있는 안동부사 김수근의 선정비가 그것이다. 김수근의 선정비를 말하기 전에 그보다 먼저 안동부사를 지냈던 황정(黃晸, 1689~1752)의 선정을 기리기 위해 선정비를 세우려다가 좌절된 사례를 먼저 얘기해보고자 한다.

영조가 1734년(영조 10) 여름, 안동부사로 내려가는 황정(黃晸, 1689~1752)에게 특별히 당부한 말은 "부사는 마땅히 나의 뜻을 헤아려 인재 양성을 소홀히 하지 말라"는 것이었다. 황정은 안동부사로 있으면서 유학을 크게 일으켰고 젊은이들을 가르치는 데도 힘썼다. 그러다가 1737년(영조 13)에 황정은 안동부사에서 사간원 대사간으로 자리를 옮기게 되었다. 이때 안동 백성들이 경상도 관찰사에게 나아가 말하기를 "우리 고을의 풍속은 일찍이 거사비를 세운 적이 없습니다. 그러나 황후(黃侯)

의 다스림과 교화가 특별하니 마땅히 문경새재에 비를 세워 후인들에게 보여야 하겠습니다"라고 하였으나, 관찰사가 전례가 없다는 이유로 허락하지 않았다(『강한집』, 권16, 「가선대부함경도관찰사겸병마수군절도사순찰사함흥부윤황공묘지명」). 핵심은 안동부사의 선정비를 안동이 아닌 문경새재에 세우겠다는 백성들의 제안에 대해 관찰사는 이를 여지없이 거부했다는 사실이다. 그런데 그 후로 118년이 더 지난 1855년(철종 6) 봄에는 안동부사를 역임했던 김수근(金洙根, 1798~1854)의 선정비(「故安東府使金相國正文公洙根追思墮淚碑」)가 문경새재 교귀정 뒤편에 설립되었다. 김수근은 철종의 장인 김문근의 형으로 1834년(순조 34) 문과에 장원급제했고 안동부사와 이조판서를 지냈던 인물이다.

김수근의 선정비는 타루비라고 명명하였다. 타루비의 시원은, 중국 진(晉)나라 양호(羊祜)의 고사에서 찾을 수 있다. 양호는 양양(襄陽)을 오랫동안 다스리면서 인애─은혜로운 정사를 많이 베풀었다. 양호가 죽은 뒤에 양양의 백성들이 현산(峴山)에다 비를 세우고 사당을 세웠는데, 이곳은 양호가 평생동안 놀고 쉬던 곳이었다. 명절에는 양호에 대한 제사도 지냈다. 그 비를 바라보는 자들이 눈물을 흘리지 않는 이가 없었기에 두예(杜預)는 이를 타루비(墮淚碑)라고 일컬었다(『목민심서』, 권14, 「유애[해관제육조]」).

김수근의 타루비는 양호의 타루비와 무엇이 같고 무엇이 다른가. 김수근의 타루비는 1855년(철종 6)에 안동부에서 자금을 모아 세웠다. 이때는 김수근이 안동부사로 있은 지 16년이 지난 때이고 세상을 떠난 지 1년이 되던 해이다. 비문을 보면 김수근이 1839년(헌종 5) 안동부사로 있을 때 삼정이 문란한 것을 바로잡아 백성들이 편안하게 잘 살게 되었다는 내용이다. 안동의 백성들은 안동에 비석을 세우려했으나 안동부에서는 퇴계의 가르침을 어길 수 없다는 교훈(本府遵退陶不敢褒先侯之訓)에 따라 비석을 세우지 못하고 백리 밖 문경새재에 세웠다. 타루비의 뒷면에는 "소민들이 일찍이 돌을 다듬어 덕을 기리고자 했으나 안동부에서는 퇴계[退陶]의 감히 선후(先侯)는 포상하지 못한다는 훈계를 따른다는 이유로 일찍이 비석을 세운 적이 없었기에 이로 인해 잠재우고 결과를 보지 못했다"는 저간의 사연도 명기하였다. 그런 과정을 거치면서 김수근의 타루비는 1855년(철종 6) 봄에 안동이 아닌 문경새재에 설립되기에 이르렀다.

퇴계 이황의 행적은 안동지방에 많은 영향을 끼쳤다. 지방 수령이 백성을 위해 선정을 베푸는 것은 너무나도 당연한 일일뿐 그것이 공덕이거나 찬양할 대상은 아니었다. 안동 고을이 대대로 지방관의 횡포를 막을 수 있었던 것은 퇴계의 가르침이 있었고, 그 가르침을 지킨 안동유림의 힘이 크게 작용했기 때문이다. 정약용도 돌에 새겨 덕정을 칭송한다는 선정비에 대해서는 마음 깊이 반성하여 부끄럽게 여길 일이며, 나무에 새겨 덕정을 칭송하는 비마저도 세우지 않는 것이 낫다고 지적했다(『목민심서』, 권14, 「유애[해관제육조]」). 안동부사 김수근의 타루비가 안동도 아닌 문경새재에 세워졌던 것은 퇴계의 가르침과 8백 년 동안 내려온 안동의 순후한 풍속을 기준으로 삼아 말하자면 참으로 구차하고 고루한 일이 아닐 수 없다.

3. 선정비는 선정을 기념하는 비인가

정묘호란(1627)과 병자호란(1636)을 겪은 후로 유교 지식인·학자들은 오랑캐로 폄하했던 만주족이 세운 나라 청에 대해 어떠한 인식과 대응을 보였는가. 그 인식과 대응 양상을 파악하기 위해 노론의 인성－물성에 관한 논쟁에서 인물성이론[호론]과 인물성동론[낙론]이 지향하는 세계관의 차이와 의미를 들여다 볼 필요가 있다. 특히 인물성동론[낙론]의 입장에서는, 인성[사람의 본성]과 물성[동물의 본성] 사이에 오랑캐의 본성을 별도로 배치하는 작업은 그다지 의미 있는 일이라고 보기 어렵다. 인물성동론에 의하면, 우리는 누구든 사람의 모습으로 살아갈 수도 있고 동물의 상태로 전락할 수도 있다. 아니, 사람들 중에 누군가는 동물보다도 훨씬 못한 나락으로 떨어질 수도 있다. 이를 헤아린다면 사람과 동물 사이의 존재, 오랑캐를 설정해두고 사람도 아니고 동물도 아닌, 그 사이의 존재를 준별하는 작업은 별다른 의미를 갖지 못한다.

조선후기에 들어 인물성이론[호론]—인물성동론[낙론]의 등장과 함께 사상적·공부론적 기조가 북벌론에서 북학론으로 관심이 이동했다는 사실은 유교 지식인·학자의 앎과 삶의 과제를 성찰하는 계기로 작용할 수 있다. 우리가 오랑캐로 폄하했던 그들과 비교했을 때, 그들은 오랑캐여서 부끄러운 존재였고 우리는 오랑캐가 아니어서 자랑스러운 존재였는가를 자문했어야 한다. 유교 지식인·학자의 대명사 선비를 자처하면서도 청나라 오랑캐가 나라와 백성을 더 안정적으로 편안하게 다스렸던 것에 비해 우리는 삼정 문란, 외척세도정치, 그리고 종국에는 나라를 일본에 팔아넘긴 역사적 죄악을 저질렀음을 상기한다면 누가 더 거듭 부끄러운 존재이고 누가 더 거듭 반성해야 할 존재인지에 대한 답은 자명하다고 말할 수 있다. 선비가 오랑캐보다 우위에 설 수 있다면 그 자존감은 유교 지식인·학자으로서의 당당한 행보를 통해서만 보장받을 수 있다. 그것은 결국 수기치인학의 틀로 수렴될 수밖에 없다. 지방관이 수기치인학을 바탕으로 삼아 백성을 다스리는 문제 이상을 넘어서는 가치로운 일은 상정할 수 없는 일이기 때문이다.

지방관이 은혜로운 정사, 선정=인정=혜정을 펼치는 것은 너무도 당연한 일이어서, 오히려 지방관은 자신에 대해 아첨하는 풍속을 바로잡기 위해서라도 선정비=공덕비=유애비를 세우지 말 것을 강고하게 말할 수 있어야 했다. 이에 유의한다면 선정비를 둘러싼 논의 과정에서 누가 훌륭한 수령이고 누가 악명 높은 수령인가를 변별해낼 수 있다.

청의 『대청률』에서는 현직 관리가 정치의 실적이 없이 스스로 비를 세우고 사당을 세우는 자, 사람을 보내어 거짓으로 자기의 착한 행위를 칭찬하여 상부에 신청하는 자, 이와 관련된 심부름을 하는 자들을 엄벌에 처할 정도로 선정비에 대한 인식과 대응은 엄정하게 이루어졌다(『목민심서』, 권14, 「유애[해관 제육조]」). 강희제는 간쑤성의 순무(巡撫) 치스우(齊世武, ?~1724)의 비리를 문제 삼아 다음과 같이 죄를 묻고 훈계하였다.

치스우(齊世武)가 간쑤(甘肅)성 순무(巡撫)였을 때, 관할 백성들에게 자신의 공덕비를 세우라고 윽박질렀다. 나(강희제)는 이 소식을 듣고 그의 관직을 다섯 등급 강등시키면서 이렇게 경고하였다. "진실로 훌륭한 관료라면 아무리 못하게 하더라도 백성들이 스스로 나서서 공덕비를 세워줄 것이다. 악명 높은 관료라면 윽박질러 공덕비를 세우더라도 훗날에는 백성들이 반드시 이를 부숴버릴 것이다. 짐이 듣기로는 취진메이(屈盡美)가 광시(廣西)성 순무의 직임[재임: 1663~1665]을 마치고 베이징으로 돌아가자 그를 미워한 백성들이 가래와 호미로 그가 타고 간 말이 남긴 발자국을 파 없애려고 모여들었다고 한다. 어찌 너의 자애로움을 백성들에게 강제로 인정하도록 만들 수 있겠는가."

—Spence, 2001: 160

강희제[淸‧聖祖]의 통치기간(1662: 康熙 1~1722: 康熙 61)에 중국은 18개의 성(省)으로 구성되어있었다. 각 성은 순무(巡撫)가 다스렸고, 그 위에 두세 개의 성을 하나의 단위로 묶어 총독(總督)을 두었다. 각 성은 부(府)로 나누고 각 부는 다시 현(縣)으로 나누었다. 현은 지현(知縣)의 다스림을 받았는데 강희제 때 중국 전체에는 약 1,500명의 지현이 있었다. 당시 중국의 인구는 1억 5천만 정도였으므로 각 지현은 평균적으로 대략 10만 명 정도의 백성을 자신의 관할 아래 두고 있었던 셈이다(Spence, 2001: 29). 당시 간쑤성 순무 치스우를 통해 관할 백성들에게 자신의 공덕비를 세우라고 윽박질렀던 일, 자애로움을 베풀기는 커녕 이마저도 강제로 인정토록 억지를 부린 일을 확인할 수 있다. 이는 "정치는[政者] 바르게 하는 일[正也]"이라는 공자의 가르침을 애초부터 어긴 것이었다. 바름을 전제로 하지 못하는 다스림은 출발부터 다스림의 본연을 이탈한 것이다.

조선시대엔 후기로 갈수록 고을 수령이 갈릴 때마다 선정비를 세우는 경우가 많았다. 하지만 탐학과 수탈을 일삼던 수령의 덕을 기린다는 명목으로 고을 백성들을 동원하여 선정비를 세웠다면, 그 비는 백성들에겐 수령의 덕을 기리는 비가 아니라 원한과 분노의 표적이 될 수밖에 없었을 것이다. 일반적으로 수령의 선정비는 선정의 실상과 무관하며 기만적‧위선적인 경우가 많았다. 오죽했으면 함경 감사 박문수(朴文秀, 1691~1756)는 임금에게 이곳저곳에 세워진 생사당(生祠堂)과 선정비

(善政碑)와 거사비(去思碑)는 헐어 없애야 한다고 주청했을 정도였다(『영조실록』 1739년(영조 15) 6월 17일). 정조 연간에는 1744년(영조 20) 이후에 세운 거사비는 모두 뽑아 없애도록 하라는 금령이 내려지기도 했다.

동어 이상황(桐漁 李相璜, 1763~1841)이 충청도 암행어사가 되었을 때였다. 괴산군으로 향하는 새벽길, 5리쯤을 더 가야 고을에 당도할 수 있는 시점에 날은 아직도 어두웠다. 이상황이 보니, 멀리 미나리 밭에서 한 백성이 나무 조각을 소매에서 꺼내 진흙에 잠시 거꾸로 꽂았다가 이를 길옆에 세우고, 또 수십 보를 가서 나무 조각을 꺼내 진흙 칠을 하여 길옆에 세우기를 다섯 번이나 반복하는 것이었다.

　　암행어사: "그것이 무슨 물건인가?"
　　한 백성: "이것이 선정비인데, 나그네는 알지 못하오? 이것이 선정비라오."
　　암행어사: "왜 진흙 칠을 하오?"
　　한 백성: "암행어사가 사방으로 돌아다니므로 이방이 나를 불러 이 비 열 개를 주고 나를 시켜 동쪽 길에 다섯 개를 세우고, 서쪽 길에 다섯 개를 세우라고 하였는데, 눈 먼 어사가 이것을 진짜 선정비로 알게 될까봐 이를 알아보지 못하도록 진흙 칠을 하여 세우는 것이오."
　　　　　　　　　　　　　　　―『목민심서』, 권14, 「유애[해관제육조]」

이처럼 나무나 돌에 수령의 선정=인정=혜정을 칭송하는 문구를 새겨 넣는 일은 그 덕을 칭송하여 영원토록 본보기가 되도록 한다는 것이지만 이는 자칫 낮 뜨거운 일이 될 수도 있음을 헤아리지 못한 것이다. 수령의 선정 여부를 떠나 선정비를 통해 선정을 알리는 행위야말로 부끄러운 단면을 드러내는 것이기도 하다.

우리는 언어적 형용과 수사학에 이끌려, 그나마 믿을만한 것은 선정비가 아닌 거사비라고 주장하기도 한다. 거사비는 수령이 떠난 후에 백성들이 자발적으로 세워주는 비라는 생각 때문이다. 거사비는 감사나 수령이 갈려 간 뒤에 그 선정을 사모하여 고을 백성들이 세운 비석으로 청덕거사비(淸德去思碑)라고도 일컬었다. 하지만 거사비 또한 백성에게 고통을 안기기는 마찬가지였다. 우선 이상적(藕船 李尙迪, 1804~1865)의 언급을 통해 이를 확인할 수 있다.

> 거사한답시고 비를 새기는 돈을 마구 거두고
> 집집마다 흩어져 떠도는 삶 누가 시킨 일인가
> 조각비석 말없이 길가에 서있는데
> 신관사또는 구관사또같이 어질는지.
> ―『은송당집』, 속집시권8, 「제로방거사비」

이상적의 논점에는, 신관사또와 구관사또의 차이는 단지 시

간의 법칙에 따라 신관-구관으로 명칭을 달리 붙이는 것이었
을 뿐, 그들의 정체는 다를 게 없다는 체념적 인식이 짙게 배
어 있다. 백성들의 집단기억에는 신관사또의 행보는 이미 구
관사또의 행적을 통해 충분히 예정되는 것이기도 했다. 이처
럼 불신구조가 세상을 덮고 말았다. 철종이 진주민란의 원인
을 관리와 백성 사이의 불신구조에서 찾았던 것도 같은 차원
의 얘기일 것이다. 하지만 나라의 금령이 있어도 풍습을 바꾸
기는 쉽지 않았다. 이상적이 위의 시를 지은 때가 1861년(철종
12)이었음을 감안한다면 정조 연간의 금지 조치("1744년 이후의
거사비는 모두 뽑아 없애도록 하라")에도 불구하고 거사비를 세
우는 일은 여전히 성행했음을 알 수 있다(김성애, 2017).

<사진 7> 제주 화북 비석거리

기만과 위선으
로 포장된 선정비
는 세상 사람들의
조롱거리가 되기
도 했다. 전국에는
군데군데 수십 개
씩 선정비가 모여
있는 공간, 비석거리라는 지명을 갖는 곳이 있다. 이곳에서는
선정비에 대해 반감을 드러내는 비사치기(비석차기)라는 놀이
가 행해지기도 했다. 이는 수령의 선정비가 선정과 선정비 간
의 상관관계가 별로 없다는 것을 보여주는 집단무의식의 표상

이기도 하다. 선정비는 역설적으로 정치의 실종과 나라의 멸망, 그 향방과 행로를 미리 보여주는 일종의 금석문이었던 셈이다. 고을마다 선정비요 공덕비라면 나라가 망해간 게 오히려 이상한 일일 것이다. 조선후기로 갈수록 고을수령이 갈릴 때마다 세웠던 선정비, 이는 수령의 덕을 기린 것이라기보다는 원한과 분노의 표적이기도 했다. 이처럼 비석거리의 선정비, 반 토막 난 선정비는 탐관오리를 인증하는 비라는 비난으로부터 자유로울 수 없었다(한겨레, 2016).

선정비 문제와 관련하여 유교적 가르침의 원형에 대해 생각해볼 일이다. 유교적 가르침의 원형으로 "몸으로 가르치면 따르고[以身教者從] 말로 가르치면 반항한다[以言教者訟]"는 말을 들 수 있다(『후한서』, 권41, 「제오륜열전」). 몸으로 표현되는 의사소통 행위는 정직한 얼굴빛(눈빛, 낯빛)에서 출발한다. 그렇지 않고 말로, 힘으로 가르칠 때, 그 가르침은 힘을 갖지 못한다. 예로부터 교육장면에서는 덕을 권장할 뿐 굳이 힘을 내세우지 않았다. 가르침과 배움의 역사에서 "힘을 믿는 자[恃力者]"가 아닌 "덕을 믿는 자[恃德者]"의 앎과 삶, 그 철학적 심층에 주목한 것도 유교적 가르침의 지향을 보여주는 것이라고 하겠다(『사기』, 권68, 「상군열전」). 우리의 삶은 마음속의 깨달음과 실천을 통해 사람들과의 관계를 진정성 있게 만들 수 있다. 삶의 진정성과 별개로 단지 말과 글만으로 사람을 가르치려들면, 그 말은 무의미하고 그 글은 뜻을 밝히지 못하여 가르치는 바가 배우는 사람의 관심을 불러일으키기 어렵다.

혜강 최한기(惠崗 崔漢綺, 1803~1877)는 마음속의 깨달음과 실천하는 바가 진정성을 보여준다면 그 말 없는 가르침을 통해 배우는 사람에게 감흥을 줄 수 있으며, 그 경우에 한해서 말로 나타내고 글로 저술하는 일은 부가적 의미를 갖는다고 지적한 바 있다(『인정』, 권1, 「교유언문」). 우리는 대체로 마음속의 깨달음과 실천을 가벼이 여기면서 무턱대고 말과 글로 사람들에게 나를 드러내려고 한다. 이는 배우는 사람들에게 전혀 감흥을 줄 수가 없으며, 따라서 그것은 진정한 가르침이 될 수 없다. 조선후기로 갈수록 왜 선정비가 늘어났는가, 일각의 선비들은 마음속의 깨달음과 실천보다는 왜 말과 글로 자신의 삶을 기록·기념하고자 했는가, 그로 인해 그들의 존재나 위상은 어떻게 달라졌는가를 깊이 새겨볼 일이다. 선비의 청빈, 그리고 가장 확실한 선정은 청빈을 드러내지 않고 선정비를 세우지 않는 데 있다고 말할 수 있다.

6장 반부패·청렴교육을 위한 단상

천년의 바람 ― 박재삼

천년 전에 하던 장난을
바람은 아직도 하고 있다.
소나무 가지에 쉴새없이 와서는
간지러움을 주고 있는 걸 보아라
아, 보아라 보아라
아직도 천년 전의 되풀이다.

그러므로 지치지 말 일이다.
사람아 사람아
이상한 것에까지 눈을 돌리고
탐을 내는 사람아.

천년 전에 하던 장난을 아직도 하고 있는 바람과는 달리, 이상한 것에까지 눈을 돌리고 탐을 내는 사람에 관한 얘기, 그 존재의 끝 모를 흔들림을 상기하면서, 반부패·청렴교육에 관한 단상을 얘기해보고자 한다.

세계시민단체의 하나인 국제투명성기구(TI: Transparency International)에서 매년 발표하는 국가청렴도＝부패인식지수(CPI)를 통해 한국의 국가청렴도, 그 대강을 확인할 수 있다. 매년 소폭의 오르내림은 있지만 세계부패지도에 그려진 한국의 국가청렴도는 구조적으로 낙관보다는 비관의 지표에 가깝다는 사실만은 분명하다. 반부패·청렴교육 일반에 대한 역설과 함께 청소년 청렴프로그램의 개발과 적용에 주목하는 것도 암담한 정치·사회적 현실을 바로잡기 위한 의지의 표현이라고 말할 수 있다.

청소년 청렴프로그램 책임자인 안나 타얀타이(Anna Thayenthal)는 청렴은 부패와 마찬가지로 학습된다는 점, 청소년들은 부패 문제의 유일한 해결사라는 점을 들어 청소년기 반부패·청렴교육의 필요성을 강조했다(신동진, 2014). 부정부패에 대한 감수성이 강한 청소년기부터 반부패·청렴교육을 실시해야 한다는 나름의 이론적 관점과 실천 가능성을 제시한 것이다.

해외의 반부패·청렴교육의 양상을 보면, 부패 청정국가든 부패로 몸살을 앓고 있는 국가든 청소년 대상 반부패·청렴교육의 중요성을 인식하고 교과서와 정규교과 과정을 통해 이를 가르치고 있는데, 대표적인 사례로 중국, 이탈리아, 미국의 경우를 들 수 있다(신동진, 2014). 중국은 부패를 방지하기 위해 2005년부터 초·중 교과서 및 교과과정을 통해 부패투쟁교육을 실시하고 있다. 이탈리아는 각 지역에서 부패와 맞서 활동하는 사람들을 학교에 강사로 초빙하여 그들의 강연을 듣는데, 마피아나 축구 승부조작 등에 맞선 자원인사를 살아있는 반부패 교과서로 활용한다. 미국은 어릴 때부터 정규과목으로 건국의 아버지 조지 워싱턴(George Washington)의 벚나무 일화 등을 정직성의 표본으로 가르치고 있다(신동진, 2014). 하지만 조지 워싱턴의 벚나무 일화를 정직성의 표본으로 삼아 반부패·청렴교육의 소재로 삼는 일은 신중한 접근과 논의가 요망된다.

미국의 초대 대통령 조지 워싱턴은 사심이 없었고 청렴·정직했다. 미국은 그를 기리기 위해 수도 이름을 워싱턴이라 명명하기까지 했다. 그러나 조지 워싱턴의 벚나무 일화는 그가 어릴 때부터 그렇게도 정직했다는 신화를 만들어 내기 위한 후세의 조작이었다. 전기작가 메이슨 윔즈(Mason Locke Weems)는 미국판 용비어천가를 만들려다가 조지 워싱턴이라는 훌륭한 지도자를 어설픈 영웅으로 만들고 말았다(김지영, 2007). 청렴과 정직을 성급하게 가르치려들다가 오히려 그 가르침의 본연을 벗어나는 일은 막아야 할 것이다. 무분별한 스토리텔링에는 그 과오를 바로잡는 리텔링이 필요한 법이다. 조지 워싱턴의 경우가 딱 그런 경우라고 말할 수 있다.

중요한 것은 이러한 외국의 논점과 사례에 의존하는 방향의 반부패·청렴교육에 대해서는 성찰적 접근과 논의가 필요하다는 점이다. 거기에는 한국사회의 구조적 성격과 한국인의 내면과 무의식에 대한 성찰과 대응이 제대로 이루어지지 못했다고 보기 때문이다.

선비의 공부론=수기치인학에서 공직자가 지녀야 할 마음가짐으로 청빈·청렴·청백을 적시한 것은 당대는 물론 오늘날의 앎과 삶의 과제를 논하는 현실에서도 중요한 의미가 있다. 청빈·청렴·청백은 수기학−치인학의 연결망 안에서 그 궤적을 그리게 된다. 조선시대 선비의 청빈과 청렴과 청백의 실체, 그 민낯을 제대로 알고 얘기해야만 그들은 나라를 위해 어떤 사명감과 책임의식을 보여주었는가, 그들은 조선 후기−말기로 갈수록 어찌하여 국가 기둥을 좀먹고 백성의 삶을 병들게 하는 원인제공자·가해자로 전락하고 말았는가를 제대로 성찰하고 논의할 수 있다. 우선 반부패·청렴교육의 지향점과 관련하여 간과할 수 없는 엄연한 사실이 있다. 선진국 후진국 할 것 없이 부정부패란 공직자와 결탁하여 일어나는 사건이다. 우리나라도 예외가 아니어서 신문의 사회면은 심각한 수준의 부정부패 사건들이 지면을 장식한다. 문제는 우리나라는 특히 조선시대의 부정부패 전과를 안고 있기 때문에, 그것도 나라를 망친 전과를 지니고 있기 때문에 부정부패를 근절하지 않으면 백가지 개혁을 한다 해도 아무 소용이 없는 나라라는 사실을 깨달아야 한다는 점이다(박성수, 2009).

엄밀히 말하면, 조선왕조 5백년간 경장이 제대로 이루어진 적은 없었다. 법과 제도의 난맥상은 심각한 수준으로 드러났지만, 이를 바로잡기 위한 해법과 대응은 제대로 이루어지지 못했고, 기왕의 법과 제도를 이용하여 사복을 채우는 부정·부패·비리는 극에 달하였다. 이 잘못된 조선시대의 현실을 정약용은 "털끝 하나 병들지 않은 것이 없다"고 규정하면서 "지금 당장 개혁하지 않으면 나라가 반드시 망하고 말 것이다"고 지적하였다(『여유당전서』, 시문집권12, 「방례초본서」). 정약용은 선비의 공부론=수기치인학에서 청빈·청렴·청백의 덕성이 사라지면서 나라가 존망의 위기에 처했다고 보았다. 정약용이 『경세유표』를 지은 동기는 "낡아빠진 나라를 새롭게 개혁하는 일"에 있었다(『여유당전서』, 시문집권16, 「자찬묘지명」). 나라를 완전히 개혁하여 새로운 체제로 바꿔야 한다는 의지를 『경세유표』에 담아냈음을 알 수 있다. 지금 우리는 그 위기와 진단으로부터 얼마나 자유로운 현실을 살아가고 있을까. 살펴보고 새겨볼수록 정약용의 목소리에는 여전히 우리를 아프게 찌르는 힘이 실려 있다.

율곡 이이의 경장, 다산 정약용의 경장, 1894년의 경장이라는 시간 흐름을 살펴볼 때, 16세기 중반(율곡의 경장론)을 넘기고 19세기 전반(다산의 경장론)을 넘기면서도 우리에게 개혁(경장)은 없었다. 조선시대의 공식적인 개혁은 1894년(고종 31)의 갑오경장이다. 이는 지금 당장의 개혁을 강조했던 율곡이나 다산의 시점을 크게 넘긴 것으로 이미 때가 늦은 것이었다. 주체적인 개혁, 자기 동력에 의한 개혁이 아니었다는 점에서 그것은 사실상 역사적 사명을 띨 수 없는 것이었다. 정약용은 유배지에서 고향으로 돌아와 18년을 더 살면서 만년에 호를 사암(俟菴)이라 하였다. 사암(俟菴)이란 "백세토록 성인을 기다리더라도 미혹에 빠짐이 없으리라[百世以俟聖人而不惑]"는 뜻을 함축한 말이다(『여유당전서』, 시문집권16, 「자찬묘지명」). 이를 누군가는 기다림의 미학이라고 아름답게 해석하기도 한다. 슬픈 아름다움을 말하는 것일까. 사암이라는 만년의 호를 통해 자신을 버린 불의의 시대를 넘어 먼 훗날 그 언젠가는 자신의 학문과 사상을 알아줄 사람이 나오기를 기다리겠다는 처연한 슬픔을 읽는다.

오늘날 우리가 추구하는 앎과 삶, 가르침과 배움의 주제는 전통사회의 선비정신으로 정련된 수기 · 수신 · 수양, 내면의 충일감, 나아감과 물러남의 철학 등과는 크게 동떨어져 있다. 근대 이후, 그 많은 사람들이 왜 자주성과 주체성과 정체성을 갖추지 못한, 그 형편없는 상태로 전락하고 말았는가. 그 많은 사람들이 왜 권세와 이익을 위해 자신의 세계관과 신념을 아무렇지 않게 팽개쳤는가. 그 많은 사람들이 왜 약자가 아닌 강자에게만 따스한 가슴을 열어 보였는가.

불행하게도, 한국의 근대는 전범국가 일본이 이 땅의 친일 · 부일세력과 함께 건축한 불법구조물이나 다름없는 것이었다. 광복 이후에도 청산과 단죄의 대상이어야 할 부역집단이 오히려 국가권력을 장악했다. 한국 근현대사는 식민체제와 분단체제의 연속과 지속 과정에서 한국인과 한국사회의 일그러진 자화상과 뒤틀린 정신세계를 짙게 드러내고 있다. 이는 한국사회가 악인에 의한 부정부패가 서식하기 좋은 공간이기도 하다는 뜻이겠다. 반부패·청렴교육의 매뉴얼을 구성함에 있어 근현대사의 맹점과 한계에 대한 비판과 지적이 함께 이루어져야 하는 까닭이 여기에 있다.

조선시대 선비의 정체성에 대해 논의하면서도 그 타락과 종말을 지적하면서, 일제강점기/해방이후의 지식인·학자·문인·관료들이 보인 행태와 지향을 병리학의 관점에서 문제삼은 것은, 선비의 청빈·청렴·청백의 의미를 반추하는 과정을 통해 반부패·청렴교육의 이론적 토대와 실천 가능성을 확보할 수 있다고 보았기 때문이다. 진정 한국인의 희망과 한국사회의 미래를 말하기 위해서라면, 선비의 청빈―그 맑은 가난에 대한 가감 없는 천착을 통해 올곧은 선비의 앎과 삶, 그 가르침과 배움의 세계를 제대로 그릴 수 있어야 한다. 그래야만 선비정신과 반부패·청렴교육의 연계 논의는 물론 교육 본연의 과업을 제대로 수행할 수 있다.

선비정신 연구에서는 선비의 공부론=수기치인학을 중심으로 선비의 미덕을 강조하는 것과 함께 그들의 상당수가 현실정치에서 권력층·기득권층을 이루면서 부패에 노출되었던 사실을 액면 그대로 드러낼 수 있어야 할 것이다. 이것이 어쩌면 선비 연구의 정석이라고 말할 수 있을 것이다. 한국의 반부패·청렴교육과 관련하여 유의할 일은 한국에서 일어났던 그리고 지금도 일어나고 있는 큰 부패는 대부분 최고 권력층과 사회의 기득권층과 연결되어있지만 이러한 사실을 설명하는 교과서는 전혀 없다는 점이다(김대용, 2016: 43). 이로 인해 청소년·학생들은 부패 문제를 학습하면서도 한국사회가 부패하게 된 원인과 부패로 인한 사회적 폐해에 대해 접근할 수 없고 반부패가 중요한 사회적 과제라는 것을 알기 어렵다. 이는 결국 반부패·청렴교육이 제대로 작동하기 어렵다는 얘기이기도 하다(김대용, 2016: 43).

조선시대 유교지식인·학자를 일컫는 선비의 본질과 정체성을 맑은 가난에서 찾는 집단무의식은 선비와 청빈의 관계역학과 문제를 넘어 지식인·학자의 역할과 그것이 갖는 정치·사회·교육의 의미를 표상하는 의미를 갖는다. 선비와 청빈을 연결짓는 방식은 한국의 근대와 현대로 이어지는 장면, 그 굴곡의 지대를 통과하면서 한국인의 앎과 삶, 가르침과 배움의 중심주제로 자리잡았다. 청빈의 세계를 그려보고 그려내는 집단무의식은 지금-여기의 한국사회를 진단하고 해법을 모색하는 자기동력으로 이어질 수 있을 것이다.

한국고전번역원은 2017년을 대표하는 '올해의 한자'로 '맑을 정(淨)'을 선정했다. 선정 배경에 대해서는 한국사회의 부정부패가 일소되어 투명하고 깨끗한 체제가 자리 잡길 바라는 마음이 담긴 것이라고 설명하였다(SBS, 2017). '맑을 정(淨)'을 뒤이은 한자는 '바꿀 혁(革)'과 '백성 민(民)'이었다. '맑을 정'과 '바꿀 혁'과 '백성 민'의 결합, 이는 조선시대의 선비는 물론 한국사회의 지식인·지도자를 향한 도덕적 책무와 사회적 사명감을 강력히 주문하는 말임이 분명하다.

참고문헌

곽병찬(2016), 정치도 음악처럼 아름다울 수 있다니…, 한겨레 2016년 8월 30일.

권경열(2014), 안동에는 송덕비가 없었다, 고전산문 2014년 8월 4일.

김대용(2016), 한국의 부패 현실과 반부패 교육의 실상: 도덕과를 중심으로, 교육철학연구 38(2), 29-49.

김성애(2017), 거사비, 고전산책 2017년 6월 22일.

김영호(2016), 청렴이야기①: 오리서원에 오동나무를 심은 까닭, 청렴통신 2016년 4월 23일.

김지영(2007), 조지 워싱턴은 벚나무를 자르지 않았다, 노컷뉴스 2007년 1월 22일.

노대환(2016), 19세기 정조의 잔영과 그에 대한 기억, 역사비평 116, 176-203.

박강섭(2009), 불황기에 더 빛나는 최부잣집 가풍, 국민일보 2009년 4월 23일.

박균섭(2015), 선비정신연구: 앎, 삶, 교육, 서울: 문음사.

박균섭(2018), 선비와 늑대, 인성교육학연구 3(1), 31-50.

박성수(2009), 부패의 역사, 서울: 모시는 사람들.

박현모(2001), 정치가 정조, 서울: 푸른역사.

소 종(2015), 조선 태종대 방촌 황희의 정치적 활동, 역사와 세계 47, 91-126.

신동진(2014), 초중고 교과서에 청렴은 겉핥기, 동아일보 2014년 10월 28일.

안승준(2005), 경주최씨가의 사회경제적 기반과 용산서원의 운영, 정순우·

정만조·박병련·이수환·안승준, 용산서원, 파주: 집문당, 57-89.

이덕일(1997), 당쟁으로 보는 조선역사, 서울: 석필.

이성무(2014), 방촌 황희 평전, 서울: 민음사.

이숙인(2017), 고귀한 삶, 실학산책 2017년 6월 30일.

이정주(2009), 태조~태종 연간 맹사성의 정치적 좌절과 극복, 조선시대사학
　　　보 50, 5-40.

조순희(2014), 대로(大老), 고전산문 2014년 10월 6일.

Spence, J. D., 이준갑 역(2001), 강희제, 서울: 이산.

<문집총간/실록기사>
한국문집총간(http://www.itkc.or.kr) [한국고전번역원 문집총간 검색]

조선왕조실록(http://sillok.history.go.kr) [국사편찬위원회 실록기사 검색]

승정원일기(http://sjw.history.go.kr) [국사편찬위원회 실록기사 검색]

<신문기사>
중앙일보(2016), 대학생들 "선비는 청빈하지만 고리타분", 2016년 6월 20일.

한겨레(2016), 반토막 난 선정비는 탐관오리 인증비, 2016년 10월 20일.

SBS(2017), 고전번역원 올해의 한자에 '맑을 정(淨)'…"부정부패 일소되길",
　　　2017년 1월 2일.

저자 **박균섭**__ 경북대학교 사범대학 교육학과 부교수

경북대학교 사범대학 교육학과를 졸업하고 한국학중앙연구원 한국학대학원을 거쳐 성균관대학교 대학원에서 철학박사 학위를 받았다. 저서로는 『선비정신연구: 앎, 삶, 교육』, 『인격과 교육 사이의 파열음』(공저), 『근대와 교육 사이의 파열음』(공저) 등이 있다. 논문으로는 「고종기를 통해 본 퇴계의 인격」, 「그들은 어떤 제자였는가: 월천 조목, 서애 유성룡, 학봉 김성일」, 「친일유림의 수사학: 유교적 가르침의 실종」, 「선비와 늑대」 등이 있다.

경북대 인문교양총서 **38**

선비와 청빈

초판 1 쇄 발행 2019년 3월 28일
초판 2 쇄 발행 2019년 12월 6일

지은이 박균섭
기 획 경북대학교 인문대학
펴낸이 이대현
편 집 이태곤
디자인 안혜진
마케팅 박태훈 안현진

펴낸곳 도서출판 역락
주 소 서울시 서초구 동광로 46길 6-6 문창빌딩 2층
전 화 02-3409-2060(편집), 2058(마케팅) **팩 스** 02-3409-2059
등 록 1999년 4월 19일 제303-2002-000014호
전자우편 youkrack@hanmail.net
홈페이지 www.youkrackbooks.com

ISBN 979-11-6244-381-1 04190
    978-89-5556-896-7 세트